NARCISO SOB TINTA

Blucher

NARCISO SOB TINTA

Fisgando o humano

Vera Lamanno-Adamo

Narciso sob tinta: fisgando o humano

Editora Edgard Blücher Ltda.

Publisher Edgard Blücher
Editores Eduardo Blücher e Jonatas Eliakim
Coordenação editorial Andressa Lira
Produção editorial Alessandra de Proença
Preparação de texto Ana Fiorini
Diagramação Iris Gonçalves
Revisão de texto Helena Miranda
Capa Laércio Flenic
Imagem de capa Vera Lamanno-Adamo

Blucher

Rua Pedroso Alvarenga, 1245, 4º andar
04531-934 – São Paulo – SP – Brasil
Tel.: 55 11 3078-5366
contato@blucher.com.br
www.blucher.com.br

Segundo o Novo Acordo Ortográfico, conforme 6. ed. do *Vocabulário Ortográfico da Língua Portuguesa*, Academia Brasileira de Letras, julho de 2021.

Dados Internacionais de Catalogação na Publicação (CIP)
Angélica Ilacqua CRB-8/7057

Lamanno-Adamo, Vera.

Narciso sob tinta : fisgando o humano / Vera Lamanno-Adamo. – São Paulo : Blucher, 2023.

262 p.

Bibliografia
ISBN 978-65-5506-691-3

1. Psicanálise. – Crônicas. I. Título.

23-2261 CDD 150.195

Índice para catálogo sistemático:
1. Psicanálise

Nem tudo o que escrevo resulta numa realização,
resulta numa tentativa. O que também é um prazer.
Pois nem em tudo eu quero pegar.
Às vezes quero apenas tocar.
Depois, o que toco às vezes floresce
e os outros podem pegar com as duas mãos.

Clarice Lispector, *De escrita e vida.*

Conteúdo

1. Inácia

O percurso de todo analista contém acontecimentos maiores que impulsionam e, secretamente, mantêm nosso desejo de ser analista e de pertencer a uma instituição que mantém vivo o tipo de conhecimento que a psicanálise produz. Às vezes, conseguimos recuperar a lembrança de alguns desses acontecimentos, e mais do que uma vez, e em cada uma das rememorações alcançamos um maior esclarecimento a respeito de nossa escolha.

Anos atrás, uma aluna do Curso de Especialização em Adolescência, na Unicamp, me presenteou com um livro. Fui para a cantina tomar um café e comecei a folheá-lo. Encontrei uma poesia:

Todas as vezes que eles
Viajavam de perua,
Deus ia junto.
Ele tentava falar,
Mas todo mundo era surdo.

Neide

Quis saber mais sobre a Neide, sobre o livro. E fiquei sabendo que aquela poesia era uma entre dezenas de outras criadas por doentes mentais de um grande hospital psiquiátrico. Naquele momento, ali, com a poesia da Neide, recuperei a memória de um encontro com uma paciente severamente perturbada durante minha vida universitária.

Era 1978.

Inácia era negra, baixinha, muito magra. Imagino que devia estar internada naquele grande manicômio desde a sua juventude. Ela passava a maior parte do tempo no quarto. Não saía do quarto. Ficava deitada ou sentada na cama olhando para as paredes, falando sozinha. Fico com a impressão de que ela passou grande parte de sua vida falando sozinha.

Fomos todos avisados no início do estágio de que não deveríamos nos aproximar daquela mulher, porque, na melhor das hipóteses, ela se manteria calada, mas na maioria das vezes ela ficava muito brava e partia para uma agressão física.

No primeiro dia de estágio recomendaram: "Deixem essa paciente no seu canto. Deixem essa paciente quieta porque senão ela fica muito brava".

Um dia, quando passava em frente ao quarto, ela estava sentada na cama olhando para a parede, completamente absorta em seus próprios murmúrios. Foi então que me imbuí de certa coragem e resolvi transgredir. Entrei no quarto e me coloquei silenciosamente ao lado dela. Ela olhou para mim. Ficou alguns minutos em silêncio. Fixou os olhos dela nos meus. Então disse: "Menina! Você está perdidamente apaixonada".

Fiquei muito surpresa, com medo, completamente sem saber o que responder. Não esperava daquela mulher qualquer lucidez, muito menos que pudesse adivinhar o que se passava comigo. Ela estava perfeitamente correta. Eu estava mesmo perdidamente apaixonada.

E então ela continuou: “Isso é uma coisa tão gostosa, eu também já fui apaixonada um dia. Eu me apaixonei tanto que queria me jogar no rio e levar meu namorado comigo”.

Não consigo me recordar do que se passou comigo naquele instante, devia estar completamente aturdida com o inesperado jorro de vida que emergiu da mulher que todos consideravam completamente insana. Mas nosso encontro não acabou aí, nosso diálogo foi um pouco além. Antes de se enterrar de novo, me perguntou, sempre me olhando nos olhos e de um jeito meigo e singular: “Existe lugar mais lindo para se guardar um grande amor do que o fundo de um rio?”.

Quando me lembrei desse momento de minha vida, ao ler a poesia da Neide, ficou claro para mim como esse encontro foi capaz de promover uma vinculação significativa entre dois desejos que me habitavam desde a adolescência: o desejo de conhecer a natureza humana e a minha vontade de ser escritora.

Inácia, a mulher louca que deveria ser mantida à distância, era poeta sensível. Só uma alma sensível pode alcançar o que ela alcançou: existe lugar mais lindo para se guardar um grande amor do que o fundo de um rio?

Pensando agora, em retrospectiva, acredito que esse encontro com Inácia nos primórdios de minha escolha profissional estimulou uma curiosidade que me acompanha até hoje: como é que se dá esse grande salto da matéria à imaginação? Como entender esse limite tão estreito e fugaz entre a loucura e a genialidade?

Hoje, a lembrança de meu encontro com Inácia retornou e me ajuda a definir um aspecto essencial do encontro analítico.

Ali, naquele manicômio, com aquela mulher dada como psiquicamente morta, descobri um encontro capaz de alcançar o desejo não tão morto assim.

O meu breve e duradouro encontro com Inácia me ajuda a definir o que ambiciono num encontro analítico: um encontro capaz de encontrar, um encontro que se situa na contracorrente do conforto alcançado no "quarto alienante". O quarto alienante deixa a loucura no canto e mantém a palavra desvitalizada, lenta, desinvestida, monótona, nula.

O encontro capaz de encontrar subverte o quarto alienante e permite metamorfose.

2. Narciso sob a tinta[1]

Por que apresentamos, publicamos, divulgamos experiências vividas na clínica? Escreve-se porque aquele algo da experiência vivida pode ser útil para pensarmos o que falta, o que ainda não foi dito? Escreve-se por conta do espanto? Para exaltar o próprio ato de escrever? Para "provar" um ponto de vista? Para alcançar reconhecimento entre os colegas? Para legitimar a experiência vivida? Para abrir um espaço onde se está sempre a desaparecer? Para modificar a própria experiência vivida? Para dar o suporte necessário à transmissão da experiência? Para dar vida e voo ao Narciso sob a tinta?

Escreve-se porque nada mais poderia ser dito se não por meio do ato de escrever.

Uma paciente frequentemente dizia que a grande preocupação de um poeta era saber se aquilo que havia escrito era poesia. Na poesia, salientava, o autor está praticamente imperceptível. Por isso, insistia em afirmar que: "a crônica, uma espécie de diário, é considerada uma

---

1 Texto publicado no *Jornal de Psicanálise*, 50(92), 91-97, 2017. Recuperado em 9 de maio de 2023, de http://pepsic.bvsalud.org/pdf/jp/v50n92/v50n92a07.pdf

escrita de segunda categoria; na crônica o escritor está todo lá, sem nenhuma invisibilidade". Para ela, poesia era fruto de um processo intelectivo altamente planejado e consciente, completamente desligado da pessoa do autor. O autor estaria completamente desaparecido por trás de sua obra.

Esse argumento sobre o que considerava ser poesia era condizente com o seu ideal de eu fundamentado numa espécie de assepsia do ser. Obstinada a rejeitar qualquer alteração em si, nunca ou muito raramente perdia a paciência. Jamais uma palavra áspera para alguém. Não se queixava, não reclamava, não criticava ninguém, não se zangava com ninguém de maneira evidente. Não mostrava qualquer desapontamento em relação a mim ou em relação às pessoas de sua convivência.

Um dia ela me trouxe uma de suas poesias e ficou absolutamente inquieta ao perceber a totalidade de sua presença naquilo que escrevera. Desejo, conflito e fantasia estavam todos lá. É certo que estavam lá sob a tinta e meio de canto, nas entrelinhas, enviesados.

A escrita centrada no sujeito é antiga. Falar de si, ser o protagonista de sua narrativa é tão antigo quanto a humanidade, porém, como categoria literária, adquire seu estatuto a partir do Iluminismo. Somente a partir desse período as chamadas narrativas confessionais, intimistas ou escritas do eu (autobiografias, memórias, diários, cartas) passam a ser consideradas escritas literárias. O mito de Narciso tem sido utilizado como metáfora dessas escritas, por serem modalidades discursivas centradas na expressão de um *eu* que se desnuda diante da página em branco (Bezerra, 2011).

Cada vez que colocamos no papel uma experiência clínica, a questão da inclusão e exclusão do narrador naquilo que escreve se apresenta.

Tomado por um ideal de assepsia, envolto numa espécie de armadura, escreve-se um texto inteligente, erudito, controlado. Quase nada se transmite de si para si, de si para o outro. Uma escrita imóvel, estática, uma narrativa que não se abre para o desconhecido, aquele desconhecido que entra e inquieta e atrapalha.

Se eu tivesse que advogar sobre os escritos da clínica psicanalítica, eu defenderia a ideia de que fossem menos erudição e mais crônica.

> *A palavra crônica se origina do latim chronica e do grego khrónos (tempo). O significado principal nesse tipo de texto é precisamente o conceito de tempo, ou seja, é o relato de um ou mais acontecimentos em um determinado período. É a narração do cotidiano das pessoas, fazendo com que se veja de uma forma diferente aquilo que parece óbvio demais para ser observado. Uma boa crônica é rica nos detalhes, descritos pelo cronista de forma bem particular, com originalidade. (Crônica, 2003)*

Assim como o repórter, o cronista se inspira nos acontecimentos diários, que constituem a base da crônica. Entretanto, há elementos que distinguem um texto do outro. Após cercar-se desses acontecimentos diários, o cronista dá a eles um toque próprio, incluindo em seu texto elementos como ficção, fantasia e criticismo, elementos que o texto essencialmente informativo não contém.

Com base nisso, o cronista pode ser considerado o poeta dos acontecimentos do dia a dia. A crônica, na maioria dos casos, é um texto curto e narrado em primeira pessoa, ou seja, o próprio escritor está "dialogando" com o leitor, não está falando do "alto". Está sentado ao lado do leitor num meio-fio.

Isso faz com que a crônica apresente uma visão totalmente pessoal de um determinado assunto: a visão do cronista. Ao desenvolver seu estilo e ao selecionar as palavras que utiliza em seu texto, o cronista está transmitindo ao leitor a sua visão de mundo. Ele está, na verdade, expondo a sua forma pessoal de compreender os acontecimentos que o cercam.

Geralmente, as crônicas apresentam linguagem simples, espontânea, situada entre a linguagem oral e a literária. Isso contribui também para que o leitor se identifique com o cronista, que acaba se tornando o porta-voz daquele que lê.

O cronista Werneck (2011), na abertura de seu livro *Esse inferno vai acabar*, afirma que em Minas Gerais não acontece nada, mas o pessoal se lembra de tudo. Nessa frase está contida uma das mais instigantes definições do gênero. O não acontecimento, o comezinho, a miudeza que são a matéria-prima da crônica.

A repórter Eliane Brum, anos atrás, foi escolhida por Marcelo Rech (2006), um diretor de redação que buscava inovação para o jornalismo brasileiro, para um desafio: extrair crônicas reais de pessoas comuns e situações corriqueiras. Ela capturou a ideia e escreveu uma série de reportagens sobre personagens e cenas cotidianas em forma de crônicas da vida real, transformando-as numa coletânea de 46 colunas por quase onze meses.

As reportagens/crônicas foram posteriormente publicadas em *A vida que ninguém vê* (Brum, 2006). Aí encontramos uma repórter que não está à procura do espetacular, mas de histórias escondidas na vida anônima de cada um. A vida que ninguém vê, mas que Eliane viu, é um mergulho no cotidiano para provar que não existem vidas banais.

Com olhos e ouvidos abertos e aguçados diante da informação em estado bruto, Brum conta sobre o Adail que quer voar; sobre o colecionador das almas sobradas; sobre o chorador da cidade; sobre o gaúcho de cavalo de pau; sobre o homem que come vidro, e assim por diante.

Não consigo deixar de trazer com mais detalhes algumas de suas crônicas, não só pelas histórias propriamente ditas, mas, em especial, pela narrativa cortante e densa de retalhos de vida que, talvez, para muitos repórteres não passariam de algo muito comum para ser retratado e relatado.

A linguagem poética, essa linguagem que se cumpre sem um total planejamento intelectual/consciente, inspira continuar falando de uma voz que não quer se apagar. Quanto mais se vê, mais se quer enxergar.

"Adail quer voar": ele chegou ao Rio Grande do Sul apavorado, num ônibus de molas cansadas, emerso da serra gaúcha, onde tinha as mãos manchadas pelo sangue dos pinheirais. Chegou apavorado porque o único avião que vira na vida estava estraçalhado nas encostas de Canela:

> *Chegou com a mala vermelha, de couro, meia dúzia de tarecos dentro, grudada no corpo. Estaqueou na porta do aeroporto, naquele tempo metade do que é hoje, mas já enorme para ele. E se recusou a entrar. Os colegas o empurraram. E Adail entrou aos tropeços. Com a sua mala desajeitada, sem um bilhete de viagem. Iniciou ali, naquele alvorecer de outubro de 1963, uma jornada sem sair do chão que dura até hoje. E tornou-se o que seria para o resto de sua vida. Adail tornou-se "o negão" das bagagens. (Brum, 2006, p. 13)*

"O colecionador das almas sobradas" dia após dia peregrina pelas ruas de Porto Alegre, recolhendo pedaços da cidade. Vai de lixeira em lixeira, até onde alcança, recolhendo pedaços de pau e de canos, ventiladores estragados, vasos quebrados, brinquedos abandonados:

> *O número 81 da rua Bagé é o castelo de um homem que inventou um mundo sem sobras. Dando valor ao que não tinha, Oscar Kulemkamp deu valor a si mesmo.*

> *Colecionando vidas jogadas fora, Oscar Kulemkamp salvou a sua. Talvez seja esse o mistério do número 81. E talvez por isso seja tão assustador. (Brum, 2006, p. 27)*

Em "O chorador", a cronista nos leva a conhecer um pouco de Tierri, um mestiço nascido nos pampas. Tierri é o chorador da cidade:

> *Tierri chora os mortos não porque alguém tenha pedido nem porque algum parente tenha pago. Não por contrato, mas por gosto. Tierri o faz porque não chorar os mortos é ofender os vivos. Porque chorar a morte é sua missão na vida [...] é essa a missão de Tierri, de quem às vezes o povo ri ou judia. Esse Tierri humilde, que muita gente arrelia, entendeu que não havia nada mais nobre do que dar importância na morte mesmo a quem não a teve na vida. Ele, que conhece na pele e na herança a desigualdade da sina, inventou um jeito de igualar a todos pelo menos no último dia. (Brum, 2006, pp. 43-44)*

"O homem que come vidro" foi batizado Jorge Luiz Santos de Oliveira. Eliane o conheceu em frente ao Mercado Público de Porto Alegre. Tinha o sonho de ganhar a vida comendo vidro. Comer vidro o tornaria um ser único no mundo. Passou a deglutir garrafas de cerveja, de conhaque e até champanha. Transformou-se, como diz seu desajeitado cartaz de papelão, no Homem de Aço, mas não teve público, todos estavam ao redor de um índio que mostrava um lagarto vivíssimo dentro de uma caixa e vendia umas pomadas milagrosas vindas, garantia ele, diretamente da Amazônia. Jorge Luiz não entendia. Não entendia:

> *Não entendia por que as pessoas preferiam ver um lagarto sem graça fazer coisa nenhuma a assistir a um homem*

> *comer vidro, deitar-se sobre vidro, caminhar sobre vidro. O Homem de Aço não estava preparado para a maior de todas as dores: a da invisibilidade.* (Brum, 2006, pp. 83-84)

Encantou-me, sobretudo, a primeira história do livro de Brum, "História de um olhar". Começa assim: "o mundo é salvo todos os dias por pequenos gestos. Diminutos, invisíveis. O mundo é salvo pelo avesso da importância. Pelo antônimo da evidência. O mundo é salvo por um olhar. Que envolve e afaga. Abarca. Resgata. Reconhece. Salva" (Brum, 20016, p. 10).

As histórias de Brum não são mostradas de forma completa, inquestionáveis, fechadas, estáticas. Pelo contrário, com o olhar inspirado no cotidiano e uma escrita poética, suas histórias nos inquietam, envolvem e nos despertam para outras histórias, ideias e pensamentos. Lê-se uma história e já se quer uma outra e outra mais. Sua arte foi transformar sensivelmente a realidade em crônicas poéticas. O resultado é uma conversa que revela a humanidade dos personagens e a sua própria.

E me lembro, agora, do texto de Judith Andreucci (1979): "Aquele olhar: vivências psicanalíticas com alguém que não podia ver". Começa assim:

> *Aquele olhar foi o que me intrigou ao fitar a paciente pela primeira vez. Moça de feições bonitas, ou melhor, lindas, mas que se diluíam com o impacto que causavam seus olhos, azuis, opacos, fechados, parados, olhos cegos sem expressão, olhos mortos . . . pareciam implantados no rosto, quais olhos de vidro. Não me viam, não viam nada, não deixavam ver. Os cegos não veem, mas expressam-se pelo corpo inteiro. Têm mil olhos. A jovem, a quem me refiro, não era fisicamente cega, mas seu olhar parecia*

> *conter todas as cegueiras. À medida que a ia observando, parecia-me que toda ela era velada, pétrea, impassível. A voz, sem timbre, dava-me a impressão de um crepitar de folhas secas num chão ressequido. Não havia entonação, era igual, no mesmo diapasão, voz sem vida . . . um arremedo de sorriso, ou antes, uma fissura estranha, por vezes, entreabria-lhe os lábios finos, sem expressão. Toda ela tinha o ar imóvel, hirto, de uma estátua de granito fincada num mausoléu. Apenas um movimento: sentava-se no divã (somente se deitou no último período da análise), na posição de um buda, mascando chicletes, com os quais fazia bolas com a boca e as estourava num crepitar monótono, incessante. Havia saído há pouco de um sanatório ou não havia saído? Não fazia, aparentemente, diferença . . . (Andreucci, 1979, p.345, 346)*

A situação cotidiana, miúda, quase corriqueira que se instala no processo analítico é também a matéria-prima da escrita psicanalítica. Um trabalho com o miúdo, com "resíduos", com "restos" de sessões, uma espécie de resto diurno atuando no trabalho do sonho do narrador.

Numa linguagem poética, Judith comunica ao leitor, numa profunda e íntima relação com a experiência vivida, os diversos estranhos estados de mente expressos, sobretudo, pelo olhar da paciente. Por meio desta experiência, apresenta e discute a situação dramática de uma jovem impedida de movimento mental criador. A experiência clínica, diz Judith, consegue modificar até certo ponto a visão deformada da paciente, auxiliando-a a caminhar até onde seus olhos suportaram ver.

Trata-se de uma clínica e de uma escrita móveis, transitivas, inquietantes. Uma escrita, como diria Giovannetti (2012, p. 246), que "estimula a um êxodo sem um Deus e sem uma terra prometida".

Quando li pela primeira vez esse texto da Judith, pensei: um texto psicanalítico em forma de poesia. Anos depois, numa releitura, considerei ser a construção poética de uma psicanálise e de uma escrita analítica. Hoje, considero esse texto um híbrido, um misto de ciência, poema e crônica. Fundamentada em Freud, Klein e Bion, Judith, em linguagem poética e como uma boa cronista, descreve no calor de cada sessão analítica, dentre outras preciosidades, o confronto e o manejo com uma paciente que evidencia estar sofrendo grave desastre mental, em estado de choque traumático. Por meio de uma escrita literária, mostra a fragilidade humana da analista, a renúncia ao desejo de cura e as ilusões onipotentes e oniscientes, constantemente em cena.

Um dia eu disse a Judith o quanto havia gostado daquele seu texto, "Aquele olhar...", e ela me contou que não queriam publicá-lo, pois aquilo não era um texto psicanalítico, aquilo era poesia. Mas publicaram.

Referências

Andreucci, J. T. C. (1979). Aquele olhar: vivências psicanalíticas com alguém que não podia ver. *Revista Brasileira de Psicanálise, 13*(3), 345-354.

Bezerra, L. S. (2011). *A escrita itinerante de Maria Ondina Braga*: autobiografia, ficção e memória [Tese de Doutorado, Faculdade de Letras da Universidade do Rio de Janeiro].

Brum, E. (2006). *A vida que ninguém vê*. Arquipélago.

Crônica. (2023, 15 de março). In *Wikipedia*. Recuperado em 4 de abril de 2023, de https://pt.wikipedia.org/wiki/Crônica_(gênero).

Giovannetti, M. F. (2012). Considerações sobre a escrita psicanalítica. *Revista Ide*, 34(53), 243-248. Recuperado em 10 de maio de 2023, de http://pepsic.bvsalud.org/pdf/ide/v34n53/v34n53a21.pdf

Rech, M. (2006). Prefácio. In E. Brum, *A vida que ninguém vê.* Arquipélago Editorial.

Werneck, H. (2011). *Esse inferno vai acabar.* Arquipélago Editorial.

3. O íntimo, o estranho e o duplo no mundo digital[1]

"Be right back" (Volto já)

Esse é o título do primeiro episódio da segunda temporada de *Black mirror*, um seriado em exibição, criado pelo inglês Charlie Brooker. Cada episódio tem um elenco diferente, um *set* diferente e um aspecto diferente da realidade, apresentando, por meio de ficção especulativa, temas sombrios, e às vezes satíricos, que examinam a sociedade moderna, especialmente no que diz respeito às consequências imprevistas das novas tecnologias.

O seriado *Black mirror* explora o indivíduo atrelado à tecnologia, mas, ao fazê-lo, vai além. Mostra, sobretudo, o lado estranho, sombrio e perturbador do ser humano, o *unheimlich*: "aquela categoria do assustador que remete ao conhecido, de velho, e há muito familiar" (Freud, 1919/1990b, p. 277).

1 Texto publicado na revista *Ide*, *39*(63), 91-97, 2017.

No episódio intitulado "Be right back" (Volto já), presenciamos o estranho familiar relacionado intimamente com o duplo, o indivíduo que se desdobra no seu duplo. Algo tão fugidio que a ficção o demonstra melhor, pois o autor dispõe de mais meios para a criação de efeitos de estranheza, sem a necessidade de submetê-los ao teste da realidade (Freud, 1919/1990a).

Volto já

O episódio inicia mostrando um jovem casal, Ash (Domhnall Gleeson) e Martha (Hayley Atwell), mudando-se para uma remota casa de campo. Nos primeiros minutos nos deparamos com cenas corriqueiras de um casal criando uma intimidade: Ash sempre às voltas com o seu celular, distraindo-se com a possibilidade de compartilhar ideias e fotos, e Martha tentando ser ouvida.

O casal no carro cantando em uníssono: "eu não quero ninguém, amor, se eu não posso ter você...". Na manhã seguinte, quando Ash vai devolver a van e Martha não pode ir, ele murmura: "vou dirigir o caminho inteiro sozinho, fazer o caminho de volta sozinho".

Martha replica: "e eu vou ter que fazer o almoço sozinha".

Há uma certa tensão criada pelo desejo de fazerem tudo juntos e de nunca perderem um ao outro.

Nesses momentos, vemos a intimidade do casal sendo construída na impenetrabilidade, na crescente tensão criada pela constatação do estranho em si mesmo e no outro, e na singularidade de cada um. O estranho remetendo àquilo que é o mais intimamente familiar. O estranho garantindo o íntimo e vice-versa.

A vida corriqueira de Ash e Martha, retratada nos primeiros minutos, é interrompida na cena seguinte. No dia que se segue, Ash sofre um acidente de carro e morre. Até aí, nada de novo.

São inúmeras as histórias de casais retratadas na literatura e no cinema que revelam com lente de aumento ora a quase total impenetrabilidade, a impossibilidade de comunicação entre eles, ora a crise insuperável ante a evidência cada vez mais nítida do estranho em si mesmo e no outro, ora a singularidade de cada um, que é vivida com ferocidade e destrutividade.

Histórias de amor com finais trágicos, paixões que culminam em morte, histórias que retratam a morte dos amantes em pleno gozo da paixão e a ideia fantasiosa de se conversar com os mortos não são raras.

Já presenciamos mais de uma vez a história de amor e perda, mas a diferença no roteiro criado por Charlie Brooker é estar calcado em uma situação presente no mundo real, mais especificamente no alcance e na dimensão do mundo digital em nossas vidas, ou melhor, na "vida" após a morte.

O uso de redes sociais após a morte é um assunto que ganhou importância nos últimos anos, tanto que o próprio Facebook permite ao usuário apontar um "herdeiro", ou seja, alguém que poderá administrar seu perfil após sua morte, em vez de simplesmente manter a conta "congelada" ou desativá-la. Essa e muitas outras ideias fazem parte de um movimento que visa à "eternidade aumentada" e que tem como objetivo usar a inteligência artificial para converter rastros digitais de uma pessoa em um *chatbot* com personalidade, com capacidade de responder a perguntas e engajar-se num diálogo, imitando o estilo de conversação do indivíduo falecido (Pedreira, 2017).

Várias empresas, para atender à crescente demanda de proteção ao legado digital, oferecem uma espécie de conceito funerário do futuro. A Remember Me e o The Hereafter Institute, usando o Facebook de pessoas que já faleceram, produzem um vídeo com a história delas, tudo acompanhado de uma trilha sonora gerada exclusivamente a partir dos dados do falecido (Pedreira, 2017).

"Be right back" não efetua um rompimento absoluto com a realidade, mas beira seus limites, provocando, por isso mesmo, um estranhamento indefinível, diferente do sentimento de pânico diante de um fenômeno avassalador e catastrófico.

A "vida" após a morte

Após a morte de Ash e depois de descobrir que está grávida, Martha reluta, mas experimenta um novo serviço on-line que permite que as pessoas permaneçam em contato com o falecido. Usando todos os últimos perfis de comunicação on-line e redes sociais de Ash, Martha pôde ressuscitá-lo virtualmente.

Ela carrega vídeos e fotos de Ash para o banco de dados do serviço, duplicando a sua voz para conversar com ele no celular. Martha se permite acreditar que está falando com seu parceiro morto, e nas semanas seguintes ela conversa com o Ash/digital quase sem parar, mantendo-o atualizado sobre a gravidez.

Quando Martha acidentalmente danifica seu celular e perde temporariamente contato com o serviço, entra em desespero. Então, o Ash/digital a informa sobre o próximo estágio do serviço, que ainda está em fase experimental: um corpo feito de carne sintética em que o programa pode ser carregado.

Seguindo as instruções, Martha transforma um corpo branco sintético em um androide que se parece quase exatamente com Ash. Faltam apenas características menores, como o cabelo facial e pelos no peito. No momento em que o Ash/digital/androide é ativado, e após certa estranheza, Martha acaba aceitando sua existência.

Tempos depois fica incomodada, inquieta. Há um estranhamento no ar. Apesar de o androide satisfazê-la sexualmente, fica incomodada por ele fazer constantemente o que ela diz, sem questioná-la, e com ausência de emoção. Ele só expressa emoções quando ela pede.

A ausência de determinados hábitos e traços de personalidade que o verdadeiro Ash tinha, mas que não constavam do serviço, leva Martha a querer destruí-lo: "você é sinistro", ela diz.

O androide de Ash não sangra, age de forma programada no sexo e só se revolta quando solicitado por Martha. Ela não consegue lidar com o papel de administradora de um Ash/androide feito apenas para satisfazer seus desejos. Martha o leva a um penhasco. Ela lhe pede para pular, mas ele se recusa, pois, no mundo asséptico das redes sociais, Ash nunca demonstrou vontade de se matar.

Martha, Ash/androide e o narcisismo

A problemática do duplo tem sido representada e discutida sob diferentes ângulos: nos mitos, na religião, na filosofia, na literatura e na psicanálise (Bravo, 2000; Freud, 1919/1990b; Rank, 1925/2013; Santos, 2009). Otto Rank esmiúça a questão do duplo no imaginário dos povos antigos por meio do folclore, histórias de magia, superstições, antigos costumes religiosos, e formula que o significado original do duplo nada mais é do que a referência à morte que constantemente ameaça a personalidade.

Para o homem primitivo, a perspectiva da morte, a consciência da efemeridade e da finitude do eu, que é difícil de ser admitida, levou à origem da crença na alma imortal, um dos fundamentos das tradições religiosas: "a crença na alma originou-se do desejo de vencer este medo, e daí sobreveio a divisão da personalidade em duas partes, uma mortal e outra imortal" (Rank, 1925/2013, p. 100).

Baseando-se no conceito de narcisismo elaborado por Freud em 1914, Rank articula o duplo com o temor do homem diante da ameaça de morte. Associa o duplo a uma perturbação da relação do sujeito consigo mesmo, seu anseio de uma imagem unitária de si mesmo, e à ameaça de despersonalização e aniquilamento.

Freud (1919/1990b), partindo das formulações de Rank, considera o duplo não só uma negação da própria morte, mas também da castração e da impotência, evidenciando uma fragmentação da imagem narcísica. Na estranheza relacionada ao princípio de onipotência do pensamento, há uma supervalorização narcísica de seus próprios processos mentais, o que pode ser entendido como um mecanismo de defesa, como um modo de evitar o confronto com as limitações que a realidade impõe: a morte, a impotência, a castração.

"Volto já", no início, mostra Martha e Ash se havendo com a impossibilidade de sustentar a ilusão de uma imagem unitária que exclui qualquer possibilidade de dualidade: Ash às voltas com o seu celular, Martha tentando ser vista e ouvida, ele indo sozinho entregar a van e ela tendo que sozinha fazer seu almoço. Não há, nesse início, nenhuma referência ao desejo de retorno ao Um com tentativas drásticas de reconfiguração da Unidade. É um casal reconhecendo, com certa frustração, a presença do Outro, distinto de si.

A morte de Ash ameaça a integridade de Martha. Ela hesita em seguir o conselho da amiga, também viúva, de recorrer a um aplicativo que permitirá a ela conversar com o falecido. Ante a intensa dor da perda, o "Volto já" se tornou implacável. Martha utilizou o aplicativo disponível e por um tempo se estabilizou. Inconformada com as limitações e com a mortalidade, Martha constrói um duplo (Ash/digital/androide) que a princípio é benevolente, protege o seu eu de fragmentação e aniquilamento. Eles formam um casal unitário, são praticamente um. Ash/androide é o reflexo e o complemento de Martha.

Entregando-se à onipotência do pensamento e mediante o artifício do mundo digital, Martha tenta manter Ash imortal para satisfazer o desejo narcísico de preencher a expectativa nostálgica do ideal.

Mas o duplo benevolente, que antes bastava para protegê-la contra a solidão e o desamparo, não é totalmente eficaz. Ash/androide acaba se tornando o representante da morte: "depois de haver sido uma garantia de imortalidade, transformou-se em estranho anunciador da morte" (Freud, 1919/1990b, p. 295).

Estranho anunciador da limitação e da alienação.

Lembro-me de um paciente jovem que, inconformado com a morte súbita de um amigo, por meses se pôs a conversar com ele por meio de vídeos, fotos e conversas postadas no Facebook, Instagram e Twitter. Quando me falava desses encontros, dizia: "ele continua vivo". Após inúmeros encontros desse tipo, começou a se sentir incomodado, inquieto. Um estranhamento, dizia: "é meio assustador, meio sinistro isso que estou fazendo, cada vez que converso com ele, depois fico só pensando na morte".

O mundo digital é uma porta de entrada eficaz para a criação do duplo: um amigo imortal, um sósia, um gêmeo, um ser complementar, um substituto perfeito, um protetor ou perseguidor, uma heroína de *animes* japonês, uma celebridade.

A inquietante estranheza que provoca esse tipo de dispositivo para a criação do duplo, tão bem mostrada em "Be right back", é a semelhança com o ser humano construída a partir de versões digitais. Não se trata de um robô, um fantasma ou um ciborgue, bastante distinto da imagem do humano. O fantasma assusta, mas não nos faz exclamar: "que sinistro". O Ash/androide é sinistro não pelo aspecto, mas pelo que isso significa: o eu digital dominando as versões de carne e osso. Não se trata mais da divisão entre mortal e imortal fundamentada na crença da eternidade da alma, mas de uma divisão entre o Homem-Ash/vivo e real e o Homem-Ash/digital.

A psicanálise tem mostrado que capacidade de luto e desenvolvimento mental estão indissoluvelmente articulados. A capacidade de elaboração de luto abre possibilidades para novas e intensas emoções. A perda de um ente querido pode, a princípio, retirar o interesse no mundo, de modo que o sujeito se concentre em sua própria dor e fique ainda mais apegado à pessoa que morreu. A melancolia pode se instalar e o sujeito, se enterrar com o próprio morto.

A melancolia é menos a reação regressiva à perda do objeto do que a capacidade fantasmática (alucinatória) do sujeito de manter vivo o objeto perdido (Fédida, 1999).

Por meio do trabalho de luto, o sujeito pode elaborar o desapego. Um longo processo entremeado por culpa, angústias esmagadoras e sonhos. Sonhos com a pessoa amada ainda viva. Não havia, de fato, morrido, fora apenas uma viagem longínqua, e agora a pessoa amada estava de volta, às vezes no próprio sonho, constatando que aquilo é só um sonho (Freud, 1915/1990a).

A cena final de "Be right back" transcorre vários anos mais tarde e mostra Martha levando a filha (Indira Ainger), agora com 7 anos de idade, até a casa de campo onde ela está mantendo o Ash/androide trancado no sótão. Ela permite que a filha o encontre nos fins de semana. Enquanto a menina está no sótão com o androide, Martha espera com lágrimas no rosto, antes de se juntar a eles.

Apesar de eficiente e tão próximo da realidade, o duplo não eliminou a angústia. A cópia não substituiu o original e não foi totalmente satisfatória. Criar um duplo é apenas um dispositivo psíquico utilizado para neutralizar o eu fragmentado, em vias de aniquilamento, até que se siga adiante.

Doppelgänger é um consagrado termo romântico, cunhado por Jean-Paul Richter em 1796, traduzido por duplo, por "segundo eu". Literalmente, *Doppelgänger* significa aquele que caminha ao lado, companheiro de estrada. O duplo, com esse sentido, é usado para designar aqueles personagens que veem a si mesmas especularmente, como se dispusessem de outro "si mesmo", caminhando na mesma estrada lado a lado (Bravo, 2000).

O duplo, ao mesmo tempo exterior e íntimo, está logo ali: no quarto ao lado, no sótão, na mesma estrada, no *black mirror*, apto a representar o que nega a limitação do eu, apto a encenar o roteiro fantástico do desejo.

Referências

Bravo, N. F. (2000). Duplo. In P. Brunel (Org.), *Dicionário de mitos literários*. José Olympio.

Fédida, P. (1991). *O sítio do estrangeiro: a situação psicanalítica*. Escuta.

Freud, S. (1990a). Luto e melancolia. In S. Freud, *Edição standard brasileira das obras psicológicas completas de Sigmund Freud* (Vol. 14). Imago. (Trabalho original publicado em 1915).

Freud, S. (1990b). O estranho. In S. Freud, *Edição standard brasileira das obras psicológicas completas de Sigmund Freud* (Vol. 17). Imago. (Trabalho original publicado em 1919).

Pedreira, P. (2017, 12 de março). Enfim, imortais? Como a tecnologia pode mudar a noção de morte. Recuperado de https://www.linkedin.com/pulse/enfim-imortais-como-tecnologia-pode-mudar-no%C3%A7%C3%A3o-da-morte-pedreira/?originalSubdomain=pt

Rank, O. (2013). *O duplo: um estudo psicanalítico*. Dublinense. (Trabalho original publicado em 1925).

Santos, A. (2009). Um périplo pelo território do duplo. *Investigações*, 22(1), 51-101. Recuperado de https://periodicos.ufpe.br/revistas/INV/article/view/1362/1032

4. Elogio ao estranho[1]

Partindo da sugestão de Freud (1919/1990) de que o estranho na literatura é um campo muito mais fértil do que o estranho na vida real, vou me valer do romance de Caryl Phillips (2006), *Uma margem distante*, para colocar em relevo o jogo especular entre o estranho/estrangeiro em nós mesmos e o estranho/estrangeiro no outro.

Tendo como pano de fundo uma Inglaterra em mudança, Phillips constrói duas vidas paralelas: a de Solomon, refugiado de um país africano, buscando encontrar na Inglaterra o lar que sua pátria natal já não mais lhe oferece, e a de Dorothy Jones, inglesa aposentada que progressivamente perde todas as suas referências sociais e afetivas. Ele, um refugiado negro na Inglaterra. Ela, uma inglesa aposentada se sentindo uma estrangeira em seu próprio país.

Solomon, nascido Gabriel, tenta escapar de uma guerra fratricida que mudou drasticamente a vida de sua pequena tribo habitada por pessoas que trabalhavam duro e não faziam mal a ninguém. A

1 Texto publicado na revista *Febrapsi*, *60*, p. 9, set. 2018. Recuperado de https://febrapsi.org/storage/2018/10/febrapsi-noticias-60-setembro2018.pdf

guerra transbordou rebeldes e metralhadoras por todos os lados. A população é dizimada. Gabriel é enviado pelo pai para integrar o exército de liberação. Como sargento do exército rebelde, assume o nome de Falcão e a liderança de seu grupo.

Após testemunhar, escondido, o massacre de toda a sua família e praticar, ele mesmo, atos de violência, decide que é hora de abandonar "a parede cheia de cicatrizes de buracos de bala". (Phillips, 2006, p. 99).

Como muitos outros famintos e desorientados, Gabriel/Falcão busca abrigo na Europa, vista como um porto seguro. Após ser desrespeitado, acusado indevidamente, preso e libertado, Gabriel/Falcão adota o nome de Solomon: "como na Bíblia" (Phillips, 2006, p. 214). Com o novo nome, passa a trabalhar como vigia noturno, "o faz-tudo" em Stoneleigh, um condomínio de chalés recém-construídos no alto da colina de uma pequena e tradicional cidade inglesa: "talvez encontrasse paz no silêncio e quietude embaixo da veia prateada de Londres" (Phillips, 2006, p. 188).

Sempre com maneiras educadas, gentis e ciosas da etiqueta, Solomon tenta, por meio de cortesia dissimulada, comportar-se como os britânicos, apagar-se de tal modo que nenhum traço da identidade passada sobreviva. Destaca-se o vazio na sua sala de estar. Não há fotos de família ou sinais que possam revelar a sua identidade.

Dorothy Jones é uma mulher de 55 anos que perdeu o pai, a mãe, a irmã e um casamento de três décadas. Uma professora de música que não absorveu as mudanças do sistema educacional britânico e aposentou-se prematuramente. Busca juntar os cacos de sua existência mudando-se para um dos chalés em Stoneleigh. No alto da colina, busca manter os velhos costumes e deixar as perdas para trás.

Solomon e Dorothy: ambos tentando desvencilhar-se do estranho/estrangeiro em si mesmos, aquele tão estranhamente familiar, conhecido de velho, que assombra e causa horror. Um em terra alheia, e a outra na própria terra natal. Cada um a seu modo tentando transformar o *unheimlich*, o lúgubre e sinistro, em *heimlich*, o íntimo, o doméstico, o amistoso.

Solomon busca trocar de pele para abolir em si mesmo a guerra, a brutalidade, o massacre. Acredita que, assim, poderá viver normalmente no país dos brancos.

Por sua vez, Dorothy, no "alto da colina", tenta manter a qualquer custo os velhos hábitos, para anular de vez as mudanças em seu país e em sua vida que introduziram uma brutal ruptura no seu cotidiano.

O estranhamente familiar deve permanecer oculto.

No entanto, Solomon e Dorothy, num cruzamento projetivo, tornam-se os odiados estranhos/estrangeiros de Stoneleigh. Dorothy sente-se pressionada a passar por um processo de pasteurização/homogeneização, mas quanto mais a encaram "como se tivesse a marca de Caim na testa" (Phillips, 2006, p. 10), mais Dorothy se finca no seu antigo jeito de viver.

Quanto a Solomon, os eventos mostram-lhe que, por mais que tente anular o seu ser, não pode mudar a sua condição de negro/estranho/estrangeiro. Enviam-lhe cartas para que vá embora da vila, lançam insultos em sua direção, cospem e riem nas suas costas. Quanto mais o encaram e insultam, mais Solomon responde educadamente.

Neste jogo especular cruzado, o estranhamente familiar há de permanecer fixado na exterioridade.

Aos poucos Solomon e Dorothy vão tecendo uma relação estreita. A presença do outro alivia a solidão e a alienação. Uma amizade aparentemente improvável, buscada como um possível abrigo estável. No entanto, algum tempo depois, Solomon é assassinado, mas a polícia não tem pista. Dizem a Dorothy que não há nada necessariamente suspeito, embora tenham encontrado indícios de contusão em sua cabeça. A verdade é que não se sabe se estão de fato investigando: "não há fita amarela da polícia ou avisos procurando testemunhas. Faz apenas dois dias que um homem morreu afogado nessa vila, mas tudo continua como se estivesse normal" (Phillips, 2006, p. 56).

Na clínica de doentes mentais, Dorothy murmura:

> *[...] meu coração permanece um deserto, mas eu tentei. Tinha a sensação de que Solomon me compreendia. Aqui não é meu lar, e até que eles aceitem isso, então vou ficar tão expressamente silenciosa como um pássaro voando. Em algum momento, antes do amanhecer, quando a luz começar a escorrer vagarosamente pelo céu noturno, levantarei da minha cama e vestirei minha cara diurna. (Phillips, 2006, p. 348)*

Uma margem distante coloca em evidência o jogo especular cruzado, mortífero, entre o estranho em nós mesmos e o estranho no outro. Uma dinâmica que mantém o Estranho retido no outro, tendo como consequência a solidão, o isolamento e a alienação.

Como conviver com o Estranho sem ceder à tentação de fixá-lo na exterioridade ou pasteurizá-lo? Como sustentar o apego ao Estranho em nós mesmos e entre nós outros, e o inevitável fracasso de ocultá-lo ou desvendá-lo de cabo a rabo?

Referências

Freud, S. (1990). O estranho. In S. Freud, *Edição standard brasileira das obras psicológicas completas de Sigmund Freud* (Vol. 17). Imago. (Trabalho original publicado em 1919).

Phillips, C. (2006). *Uma margem distante.* Record.

5. A mulher do segundo andar[1]

Alguns vivem sob a marca de um forte sentimento de nostalgia, de um sofrimento causado pelo desejo irrealizado de retorno: retorno ao passado, à pátria distante, à infância perdida. Sofrem de agudo desterro.

Os que vivem imersos em nostalgia ficam seduzidos por ecos, ressonâncias, pequenas correspondências entre aquilo que foi e o que poderia ter sido. Como quem sofre a perda de um amante, esforçam-se por reviver imagens, obrigam a memória a redesenhá-las e, quando conseguem, tornam-se donos absolutos de um sentimento de beleza e plenitude.

Não era desse mal que ela sofria.

Na vida dessa mulher já não existia o belo. Nada parecia lhe causar qualquer inspiração. Escapava-lhe qualquer concepção de beleza ou prazer. Padecia de um desalento tão profundo que transformava qualquer acontecimento em desvalia.

---

1 Texto publicado no livro *The analyst as a storyteller/El analista como narrador*, Cordelia, S. H. (org.), Ipbooks, 2021.

Não havia naquela mulher nenhum indício de luta com a natureza.

O desejo de inventar uma linguagem para lutar com seus dilemas, para dominá-los e encontrar aí algum tipo de salvação, tinha desaparecido quase por completo do cotidiano dessa mulher.

Desenvolveu dentro de si uma película protetora para cada um de seus sentidos, uma película de morte para cada movimento de vida dentro de si. Para essa mulher, reconhecer fonte de vida era tão doloroso que tentava implacavelmente removê-la de sua existência.

Rotineiramente chegava do trabalho e jogava-se no sofá.

– Não tenho forças pra mais nada.

Pouco lhe importava se iriam ouvi-la ou não. Despencava no sofá e destrinchava uma lista de aborrecimentos ocorridos durante o dia. Queixava-se da incompetência dos colegas, do trânsito pesado, do sapato apertado demais, do telefonema não respondido, da sobrecarga no trabalho, da conta de luz, do salário congelado. Ora era porque estava quente demais, ora era o frio excessivo.

– Não deixaram sobrar mais nada de mim.

As reclamações podiam variar, mas o "não sobrou mais nada de mim" era uma constância. Não se confortava com nada, nada parecia ser capaz de provocar a inspiração de um viver.

Por mais que pudesse reconhecer algo de especial que teria vivido ou conquistado, ainda percebendo isso, não conseguia usufruir de qualquer prazer.

Vivia em eterno desgosto e amargor. Desaprovava tudo o que lhe acontecia; o fato mais corriqueiro era irremediavelmente tratado como um abuso ao seu ser, visto que implicava desqualificação, humilhação e inferioridade.

– Fazer terapia? Nem pensar, ninguém sabe mais de mim do que eu mesma. Ioga? Já estou esticada o suficiente.

A vizinha, mulher de seios volumosos e vestido colorido, tentava aproximação.

– Acabei de fazer este bolo. Veja se gosta!

Ela abria a porta, recebia o mimo e agradecia. Jamais a convidou para entrar.

Mais tarde, na clandestinidade, experimenta um bocadinho. Seu estômago revira.

– Detestável! Como alguém pode passar horas cozinhando essa porcaria?

Amigas e companheiras, ela dispensa: "só trazem aborrecimentos e nada mais".

O marido tenta tirá-la dessa maldição com boas notícias. Ela dá de ombros e boceja:

– Estou tão cansada, hoje não sobra mais nada de mim.

Neste exato momento, você me dirá: se ela tem um marido, então algum dia ela se apaixonou.

Pergunte a ela e terá a seguinte resposta:

– Já estava passando da hora de me casar.

Algumas vezes, o marido propôs terem um filho. Nada romântica, ela matava a conversa com um vago "pra quê?", dando a entender que aquela era uma proposta inútil, que não se ligava às coisas realmente importantes de sua vida. Quais? Não saberia responder.

Tudo o que ela quer da vida é não pensar. Por algum motivo, o ato de pensar lhe é horrível.

Ela foge de tudo que agita a sua imaginação. Foge da imaginação como se fosse de uma peste.

No entanto, às seis horas, quando o sino toca, ela vai para a varanda, cerra os olhos e chora.

A vizinha percebe.

Ela chora da varanda do segundo andar até que o reverberar da última badalada morre ao longe.

A vizinha escuta.

A imutável insatisfação dessa mulher foi tornando o seu mundo cinza, mas debaixo do cinzento havia também o vermelho, a brasa, a ardência. Inundado de ódio, inveja e vingança, o vermelho diurno, solar, vital, tornou-se o aniquilador do bom e do belo.

Não perdoava ter perdido um bem, um privilégio, um favorecimento que desejava ter, porque era legítimo tê-lo, mas foi-lhe negado. Não conseguia qualquer outro jeito de deglutir a falta. E o que lhe faltava alguém mais possuía. O que lhe faltava era em benefício de outros.

Lá onde nenhuma palavra vaga consegue alcançar alívio, ela poderia ter inventado algo que fosse capaz dar justas férias de irrealidade ao seu inconformismo. Poderia ter se transformado numa pintora, desenhista, escultora, pianista, e assim depositar seu desaponto em momentos engenhosos e apaixonados. Poderia ter tido filhos, plantado uma árvore, criado histórias.

Mas não. A insatisfação tinha garras retorcidas sobre ela.

Para essa mulher, bastava notificar, momento a momento, sua brutal privação injuriosa, guardada, dia após dia, num saquinho de veneno, o mensageiro da desforra, o veneno da insuficiência que sempre vivia. Uma espécie de delícia sustentada num único e último prazer terreno.

Essa mulher não faz nenhuma negociação. Nenhuma.

6. *Libertas quae sera tamen*[1]

Tive uma adolescência precoce. Aos 12 anos percebi que o meu pênis era maior do que o de meus amigos. Fiquei muito orgulhoso disso. Mas a questão é que o tamanho do meu pênis era diretamente proporcional ao tamanho da minha ingenuidade, o que me trouxe um enorme sofrimento.

Todas as tardes o Vitor e eu andávamos de bicicleta num parque perto de casa. Lá também iam umas meninas, nossas vizinhas. Elas tinham mais ou menos a nossa idade. Elas não andavam de bicicleta, ficavam brincando de pega-pega, de amarelinha, de esconde-esconde. Uma delas era a mais bonita, loira e de olhos azuis, tinha um cabelo liso, escorrido e bastante tentador; me imaginava, às vezes, alisando seus cabelos, sentindo aquela maciez escorrendo pelo vão dos meus dedos. Nem me lembro do nome dela, acho que a situação entre nós ficou tão assustadora e dramática que não pude reter seu nome na minha memória.

---

1 Texto publicado na Revista *Ide*, *40*(66), 179-182, jul./dez. 2018. Recuperado de http://pepsic.bvsalud.org/pdf/ide/v40n66/v40n66a18.pdf

Aconteceu o seguinte, e o que vou relatar não foi ideia minha, juro, foi ideia do Vitor. Um dia ele disse: você tem um pinto tão grande, acho que as meninas vão gostar de vê-lo. Por que você não mostra um dia, para uma delas? Quando uma delas estiver meio sozinha, se escondendo por detrás da árvore, você chega perto, abaixa a calça e mostra. Só isso, bem rapidinho, só pra gente ver a cara dela, a reação dela.

Num primeiro momento achei essa ideia do Vitor um enorme absurdo, mas ele falava disso quase todos os dias e eu fui me acostumando, até que num belo dia achei que poderia ser mesmo divertido.

Tanto ele propôs que eu aceitei. Por alguns dias ficamos tramando como tudo deveria acontecer.

Aconteceu.

Foi um desastre, uma tragédia, ela viu meu pênis e saiu correndo, chorando, correndo direto para casa, e imediatamente contou tudo para a mãe, que mais do que depressa contou tudo para a minha mãe.

Apanhei muito naquela noite, fui dormir com o corpo cheio de vergões, mas o pior foi a vergonha que passei, as coisas terríveis que o meu pai me disse, o rosto decepcionado da minha mãe. Eu me senti muito humilhado perante minhas irmãs, e naquele dia tive muita vontade de cortar meu pinto fora, queria ficar livre dele, para sempre.

Fiquei um mês sem poder andar de bicicleta. Meus pais e todos da família mal conversavam comigo e me olhavam sempre com aquele olhar de reprovação; até minha irmã caçula, que tinha 5 anos e não entendia nada do que tinha acontecido, até ela, quando se aproximava de mim para brincar, minha mãe dizia: "vem pra cá, menina, deixe seu irmão sozinho, ele não merece sua companhia". Foram meses de chumbo, sentia que não valia mais a pena viver, só queria morrer, não queria mais sentir o que estava sentindo.

Um dia chegou Laura.

Eu devia estar com uns 50 e poucos anos, estava recém-separado de minha segunda mulher e fui visitar a minha família. A Laura era um pouco mais nova do que eu, era amiga de uma das minhas irmãs. Eu era o único homem no meio de cinco irmãs. Meu deus! Como eu ficava perdido no meio de tanta mulher! Acho que era por isso, por perceber o meu desassossego, que meu pai me resgatava. Com frequência ele me levava para o escritório, ele era despachante. Algumas vezes ele dizia: "Venha comigo, traga o seu caderno, vem fazer a lição de casa lá no meu escritório". Estes eram os meus brevíssimos momentos de tranquilidade, as tardes que passava no escritório do meu pai. Eu ficava muito confuso no meio das minhas cinco irmãs e com a minha mãe sempre muito alvoroçada tentando colocar ordem na casa. Eu ficava confuso, mas também fascinado.

Lembro-me de quando brigava com a minha irmã mais velha, meu pai me obrigava a dar-lhe um beijo no rosto para fazermos as pazes. Num primeiro momento, ficava com muito ódio de ter que fazer isso, ia meio empurrado, meu pai dizendo: "vai, menino, deixa de bobagem, vai dar um beijo na sua irmã e peça desculpas". Eu ia pisando duro, mas quando encostava meus lábios no rosto dela, ah!, que pele macia, que cheiro tão diferente de qualquer outro que já havia sentido no meu próprio corpo.

Nesses momentos, meus pés pareciam se levantar lentamente do chão, impulsionado por aquele cheiro tão doce e por aquela pele tão macia encostada nos meus lábios. Até hoje ela é a minha irmã predileta. Teve um período que brigamos muito, quando eu tinha uns 10, 12 anos de idade, mas, pensando bem, acho até que era para estimular meu pai a me fazer pedir desculpas, era para eu poder sentir uma vez mais aquela pele macia e o cheiro inconfundível.

A Laura era amiga dessa minha irmã, e como eu estava sozinho novamente, ela e minha mãe acharam por bem nos aproximar. A

Laura nunca tinha se casado, e morou com a mãe e cuidou dela até ela morrer. Isso aconteceu pouco tempo antes de nos conhecermos. Ela era um bom partido, diziam que cozinhava bem, que tinha uma boa renda proveniente de sua aposentadoria e que tinha pernas muito bonitas. Minha irmã insistia: "ela não é jovem, mas ainda está com pernas firmes, bem torneadas, nem celulite tem". Fiquei curioso, afinal eu era um homem, ou, mais especificamente, um homem com mais de 50 anos. Um homem nessa idade está sempre querendo ver se ainda tem capacidade de atrair e satisfazer uma mulher.

Era domingo, e Laura havia me convidado para almoçar na casa dela. Tínhamos nos visto algumas vezes na casa da minha irmã. Havíamos trocado algumas palavras e alguns olhares. Quando cheguei à casa da Laura, fui invadido por um cheiro muito agradável; a mesa da sala de jantar estava arrumada de forma impecável. A toalha branca de linho estava absolutamente bem passada, a louçaria, com certeza, havia sido tirada do armário para a ocasião. A macarronada, a salada, o vinho, a sobremesa, tudo deliciosamente preparado. Almocei bem naquele dia, e depois ela me disse: "quer descansar? Pode ir ao meu quarto, arrumei a cama para você, eu sei que na sua família vocês têm o hábito de descansar depois do almoço". Fui. Claro que aquele era o jeito da Laura, mulher solteira de quase 60 anos, me convidar para uma maior intimidade. Claro também que dificilmente iria dar certo – no fundo, no fundo, eu sabia que não iria dar certo. Mas eu fui. Tirei minha roupa e me deitei sob o lençol limpíssimo e muito perfumado. E depois ela veio. Não tirou a roupa toda, só a blusa, e se deitou ao meu lado, debaixo do lençol. Nós ficamos ali, eu meio sem jeito, sem saber o que fazer.

Confesso que nunca fui um homem muito desinibido, sempre tive muito medo da rejeição de uma mulher. Então, aproximei meus dedos da mão dela. Ela reagiu levemente, sua respiração se fez notar naquele momento. Eu recuei um pouco. Em seguida encostei meus pés nos pés dela. Então eu arrisquei tocar levemente os seus seios. Daí em diante, ela ficou petrificada, completamente imóvel. Tentei novamente, só por tentar, para não ser indelicado, já não dava para recuar de todo, sei lá. E por um momento fiquei muito, muito triste, então eu me levantei dizendo que estava com muito calor e que necessitava de um banho.

Nunca mais vi a Laura. Às vezes eu penso nela, no carinho com que preparou tudo, da macarronada à roupa de cama, tudo de forma impecável. Essa lembrança me deixa inquieto, tão contrastante a sua comida deliciosa e a dureza com que recebeu o toque nos seios, que contraste marcante entre o caloroso momento à mesa e a frieza da cama.

E então chegou a Maria.

Só agora estou me dando conta de que o parque da minha infância, o parque do meu dramático episódio de exibicionismo, é o mesmo onde me encontrava com Maria.

Maria foi uma verdadeira bênção, percebo isso agora. Quando ela dizia: "vem, meu amor, entra bem dentro de mim", esse seu pedido promovia uma total reconciliação com o meu pênis, aquele que havia causado a grande tragédia da minha puberdade, que havia sido amaldiçoado e que eu queria cortar fora. Ali com Maria, ela dizendo "entra, meu amor", ali com Maria, aquele que eu queria cortar fora ofertava prazer em abundância para mim e para ela. Ela dizia que ele era lindo. "Ele é tão lindo", ela dizia.

Num final de tarde, combinamos de nos encontrar no parque. Maria chegou saltitante, ansiosa para me contar uma história que havia acabado de ouvir.

Numa aldeia do sul da França, disse esbaforida, encontraram nos arquivos da inquisição diferentes termos latinos para definir o Querer Bem. Quando alguém apenas gostava de outro, utilizavam a palavra *amare*. Quando gostavam muito, a palavra era *diligere*. Para quem se amava realmente a palavra era *adamare*.

Dali em diante, Maria só me chamava de Adamare. Adamare, quando vamos nos encontrar de novo? Adamare, veja só o que me aconteceu hoje. Adamare, será que vou conseguir viver sem você? Adamare, senti tanta falta dele, do "meu lindo".

Quanto tempo se passou até aquele momento? Quantas aventuras e perdas haviam passado juntos, separados? Quanto tempo para pedir e aceitar as tantas coisas que não havia dado tempo de pedir e de aceitar. Às vezes ela chorava e ele queria saber por quê. Ela não sabia dizer. Não saberiam dizer.

7. O desejo e a busca do estrangeiro na adolescência: o si mesmo em deslocamento[1]

O filme *O céu de Suely*, de Karim Aïnouz (2006), começa com um tom poético, oferecendo contornos românticos à cena.

Ela inundada de alegria. Seu homem e ela brincando.

Os tons remetem a um filme caseiro ou, mais ainda, àquelas imagens guardadas preciosamente em um álbum de família.

Reservas idílicas que o tempo está deixando para trás?

– Eu fiquei grávida num domingo de manhã. Tinha um cobertor azul de lã escura. Mateus me pegou pelo braço e disse que ia me fazer a pessoa mais feliz do mundo. Me deu um CD gravado com todas as músicas de que eu mais gostava. Ele disse que queria se casar comigo ou então morrer afogado.

---

1 Apresentado em mesa-redonda no XXVII Congresso Brasileiro de Psicanálise com o tema O Estranho: Inconfidências, realizado em Belo Horizonte em junho de 2019.

Acompanha essa cena a voz da cantora Diana em "Tudo o que eu tenho", versão de "Everything I own":

Que bom seria ter
seu amor outra vez
Você me fez sonhar
Se você não voltar
vou sozinha ficar
Solidão...

Enquanto ouvimos a música com pedido de retorno, a imagem do encontro idílico se desfaz. A imagem da jovem grávida, que foi pedida em casamento com promessas de que seria a pessoa mais feliz do mundo, se esvai.

Em seguida, ela está em um ônibus. O olhar fixo na janela contempla o mundo lá fora e denuncia solidão.

Ela está voltando para Iguatu, sua cidade natal. Está voltando para a casa da avó e da tia com o filho a tiracolo.

Deita na cama que provavelmente já tinha sido a sua, o bebê chora no colo da avó:

– Às vezes me dá vontade de deixar ele no mato e sair correndo.

– E como era São Paulo?

– Bom, mas tudo muito caro. Acho que vocês não estão gostando que voltei.

– Não, não gostamos do jeito que você saiu. Fugida. Feito uma doida.

Ela e o namorado deixaram Iguatu, no Ceará, para tentar a vida em São Paulo. Dois anos mais tarde decidem voltar.

Ela, que havia ido embora para o Sudeste sem mesmo comunicar à avó, com quem morava, retorna com o filho de colo.

O namorado viria algum tempo depois.

Com o passar das semanas e após um número interminável de ligações interurbanas, ela percebe que tinha sido abandonada. A barraquinha de CD, DVD e jogos piratas que ambos planejavam abrir no centro de Iguatu e o sonho de terem um futuro juntos foram literalmente por água abaixo.

Algum tempo depois de sua volta para Iguatu, percebe que aquele lugar não lhe abriga mais. Ela não se encaixa mais naquele lugar.

Quer ir para outro, bem longe dali. Não quer retornar para São Paulo e não quer sair correndo atrás do marido que nem sabe onde está.

Quer um lugar outro, distante dali.

Para conseguir o dinheiro da passagem, ela decide, em uma atitude transgressora, valer-se de um de seus únicos recursos: rifar seu próprio corpo. O prêmio é uma *Noite no Paraíso*.

O vencedor teria uma noite com ela no motel: uma noite no paraíso.

– Você quer uma Noite no Paraíso? Então compra minha rifa.

– Qual seu nome?

Ela, que estava com 21 anos e se chamava Hermila, cria imediatamente um pseudônimo: Suely.

Está cada vez mais uma estrangeira no cotidiano de Iguatu, causando estranhamento em muitos moradores. Sua decisão por rifar uma *Noite no Paraíso* atrai comentários de desaprovação, desestabiliza a comunidade de alguma maneira e, sobretudo, a própria avó, que chega a expulsá-la de casa.

Hermila desloca-se para o Sudeste tateando uma vida adulta com marido e gravidez. Retorna dois anos depois para sua cidade natal numa tentativa de assentar sua própria família. Esse projeto desaba, o marido desaparece, e ela se vê novamente dependente da avó, com um filho de colo ela mesma.

Estrangeira de si, Hermila desloca-se de um lugar a outro tentando viabilizar a renúncia do já vivido e o acesso àquilo que é desejado, mas também desconhecido e temido.

Estrangeira em São Paulo, retorna a Iguatu como estrangeira e se descobre estrangeira em si mesma, visto que, ao mesmo tempo, é e não é Suely. Desassossego, sensação de aprisionamento, solidão, desejo de ir além povoam as cenas.

Entre a adolescência e a vida adulta, Hermila/Suely vive, ao mesmo tempo, o rompimento em relação ao tempo infantil e o movimento em direção ao crescimento para um tempo futuro.

Nessa travessia potencializadora, Hermila confronta-se com a estrangeiridade do gozo. Rifa o próprio corpo. Cria um nome fictício e transforma a relação sexual em valor de mercadoria.

Em uma entrevista, Karim Aïnouz conta que a decisão por filmar em Iguatu se deu por aparentar ser um lugar paradoxal de marasmo e de passagem. Por sua natureza de transitoriedade, de movimento, e ao mesmo tempo por ser parada, em semelhança à própria natureza paradoxal da personagem Hermila, Iguatu acabou sendo escolhida como o local perfeito para a filmagem. Iguatu, salientou, é um lugar que possui um curto-circuito de significados.

Iguatu retrata ao mesmo tempo uma pacata cidadezinha do interior e uma pequena cidade sempre em movimento.

São muitas as cenas que mostram o movimento de carros, motos, ônibus e caminhões, que entrecruzam a cidade surgindo dos mais diversos lugares.

Atingida pelo que vem de fora, a paisagem é permanentemente contrastada com a imagem da árvore solitária fincada na aridez do sertão, com a imensidão do céu azul, com as pipas enroscadas nos fios elétricos.

Iguatu Hermila/Suely é lugar de passagem. Um entremeio.

Hermila/Suely vai para se reconhecer voltando. Volta para reconhecer-se indo.

As cenas finais mostram Hermila deixando Iguatu. O céu azul sem nuvens domina o quadro.

Uma placa indica a saída da cidade: Aqui começa a saudade de Iguatu.

8. Reflexão sobre masculinidades[1]

O que te pertence, do escritor americano Garth Greenwell, publicado em 2016, versa sobre um poeta e professor americano que migra para a Bulgária para lecionar na Universidade de Sófia e seus encontros com Mitko, um garoto de programa búlgaro de 23 anos que vive a vagar pela capital do país. É descrito como alto, magro, com um corte de cabelo militar que simula um estilo hipermásculo e um certo ar de criminalidade.

O professor americano conheceu Mitko nos banheiros sob o Palácio Nacional da Cultura. Lá fora era outono, ainda parecia verão, a praça estava cheia de luz e pessoas. Mas onde ficavam os banheiros, no subterrâneo, era um recinto gélido, imundo, com atmosfera de umidade.

O professor foi tomado por avassaladora excitação e pagaria o preço que Mitko quisesse para tornar disponível aquele corpo e tê-lo em seu poder.

---

1 Trabalho apresentado no Interfaces: Ciência e Psicanálise, promovido pela SBP-Camp em agosto de 2021.

Daí em diante, os encontros esporádicos, alicerçados num jogo de presa e predador, ganham em intensidade. O professor americano, de tempos em tempos, quando Mitko bate à sua porta, apesar do risco e da vergonha, não consegue falar não ao corpo viril daquele jovem.

A narrativa do romance é aguda, crua, penetrante, erótica, e ao mesmo tempo delicada.

A história se abre para vários eixos.

Vou tomar aqui, privilegiando o pensamento clínico psicanalítico, o capítulo no qual o professor americano recebe um e-mail dizendo que seu pai tinha adoecido, estava em perigo, talvez estivesse morrendo, e queria que o filho fosse vê-lo, apesar de não estarem se falando há anos.

A partir daí, surgem imagens e memória da infância, cenas em que não pensara durante anos, todas de uma só vez:

> *Vi a fazenda do meu avô, meu pai deitado num campo extenso usado como pasto, e me vi estendido ao seu lado. Era tarde, acho que verão, a noite estava fresca [...] lembro-me da liberdade que sentia, estava acordado bem depois da hora de ir para cama, e meu pai também estava livre, deixando de lado uma vez na vida o trabalho que preenchia seus dias e noites... estava escuro como nunca ficava na cidade, e se eu estivesse sozinho teria ficado apavorado, acho que não era uma criança corajosa; mas meu pai estava deitado ao meu lado, grande e acolhedor na relva, repousando a cabeça nas mãos convertidas em travesseiro. (Greenwell, 2016, pp. 69-70)*

E, mais adiante, lembra-se de quando tinha uns 10 ou 11 anos, ainda novo o bastante para tomar banho com o pai:

[...] embora eu não consiga me lembrar da estação ou do ano, ou de qualquer coisa que tenha sido dita, eu me lembro do meu pai, do seu corpo grande e nu, do fascínio que ele exercia e de sua disponibilidade no pequeno espaço em que, rindo, nos engalfinhamos para ficar embaixo do jorro de água quente [...] tínhamos saído de debaixo da água para o chão de ladrilhos, que podia ser escorregadio. Tome cuidado, disse, e então me aproximei dele, não com alguma intenção específica, mas talvez não inocentemente, não sei ao certo depois de tantos anos, assim como não consigo me lembrar se ele estava olhando para mim ou para outro lado, embora devesse estar olhando para outro lado, caso contrário teria me interrompido ou evitado o meu toque [...] Eu queria tocá-lo, não como uma consequência em mente, mas com um desejo doloroso, talvez não uma intenção, mas um desejo, que me impeliu até ele e que ele sentiu, também quando coloquei meus braços ao seu redor e pressionei meu corpo contra o seu e ele sentiu minha ereção no ponto em que ela o tocava. Aquilo foi o fim do cuidado, ele me empurrou sem sequer pensar no piso escorregadio; e quando olhei para o seu rosto, que estava retorcido de asco, foi como se eu visse seu verdadeiro rosto, seu rosto autêntico, não o rosto ensinado da paternidade. Ele se cobriu rapidamente e saiu do aposento sem dizer nada, mas seu olhar me penetrou, se instalou ali e nunca mais saiu, enraizou-se embaixo da lembrança e tornou-se meu entendimento de mim mesmo, meu entendimento e minha expectativa. A partir daquele dia, toda espontaneidade que tínhamos desfrutado juntos estava acabada. Ele levou embora a segurança que até então sentira, a certeza do laço com meu pai, o primeiro laço; até aquele dia eu não tinha me

> *dado conta de que esse laço poderia ser desmanchado como qualquer outro. E foi como se tivesse perdido alguma coisa de mim mesmo também, como se de algum modo eu me tornasse menos real quando meu pai se afastou de mim, menos sólido ou menos seguro da minha solidez, como se também eu fosse algo que poderia ser desmanchado. Ele ainda mostra para mim mesmo aquele olhar [...] (Greenwell, 2016, p. 79)*

Esse trecho da história elucida noções contemporâneas sobre a constituição da masculinidade.

A partir dos anos 1990, há uma tendência, na psicanálise, a expandir o complexo edípico do menino para além da rivalidade com o pai e desejo pela mãe, levando em conta também o desejo do menino pelo pai.

Um processo legitimador da identidade sexual do menino.

A identificação do menino com o pai não está calcada só na rivalidade, mas também nos movimentos ternos e eróticos do filho em relação ao pai, como nos mostra o trecho do romance citado acima:

Na fazenda do avô o pai estava deitado ao seu lado, grande e acolhedor.

No banho, chama atenção a disponibilidade do pai no pequeno espaço em que, rindo, se engalfinharam para ficar embaixo do jorro de água quente e o cuidado do pai quando saiu de debaixo da água para o chão escorregadio de ladrilhos: tome cuidado!

Não só ternura, mas erotismo também.

O filho queria tocar, não com uma consequência em mente, mas com um desejo doloroso, talvez não uma intenção, mas um desejo que o impeliu até o pai que, por sua vez, quando o menino colocou os braços ao seu redor e pressionou seu corpo contra o dele, sentiu a ereção no ponto em que ela o tocava.

Nas correntes de ternura e erotismo reside a possibilidade de ter a validação de possuir um órgão igualmente potente e, assim, ascender a uma posição masculina sexuada revestida de potência e virilidade.

Trata-se de um trabalho complexo marcado por paradoxo, como propõe Silvia Bleichmar em seu livro *Paradoxos da sexualidade masculina*, de 2006.

Segundo Bleichmar, a transmissão de potência, instituída nas correntes amorosas e eróticas na relação do menino com o pai, ao mesmo tempo que confirma a masculinidade, possibilitando o exercício da virilidade, estabelece também, para sempre, o fantasma da homossexualidade.

A partir da relação amorosa e erótica com o pai, instaura-se o exercício da virilidade e, ao mesmo tempo, a angústia homossexual, pelo significado que o menino atribui ao seu desejo erótico pelo pai. Um universo de fantasias, inevitavelmente significadas pelo Eu como homossexuais. Não ter seu sexo revestido de potência por um homem amado e desejado deixará o menino – e, futuramente, o homem – submetido à busca desesperada por um pai que legitime a sua virilidade ou à mercê do fantasma da homossexualidade. Ambos os casos impedem que a masculinidade seja integrada ao Eu (Bleichmar, 2006).

Em *O que te pertence*, o trecho da história recortada há pouco evidencia esse processo na identidade do professor americano:

> *[...] foi como se tivesse perdido alguma coisa de mim mesmo também, como se de algum modo eu me tornasse menos real quando meu pai se afastou de mim [...] como se também eu fosse algo que poderia ser desmanchado.*

> *Ele ainda mostra para mim mesmo aquele olhar [...] (Greenwell, 2016, p. 79).*

A busca incessante de uma confirmação viril colocou o professor americano suscetível à submissão predatória, violenta, de Mitko, e sem a possibilidade de constituir uma identidade masculina original e pessoal.

Do começo ao fim da narrativa, o professor americano não é nomeado, evidenciando certo desmanche em sua identidade masculina.

Ele inicia uma relação afetiva e erótica com um jovem estudante, mas a atração por Mitko o arrebata de tempos em tempos.

No final da história, o professor americano reflete sobre o que viveu com Mitiko:

> *O amor não é apenas uma questão de olhar para alguém, eu penso agora, mas também de olhar junto com esse alguém, de encarar o que ele encara, e às vezes me pergunto se existe alguém com quem eu ficaria firme e enfrentaria o que não iria enfrentar com Mitko. (Greenwell, 2016, p. 190)*

O fantasma da homossexualidade atravessa o masculino e abre caminho para variadas expressões de masculinidade.

Nos extremos, encontramos homens expressando uma masculinidade estereotipada, o machão-conquistador-sedutor-violento dono de uma virilidade interminável calcada no desprezo e desrespeito à mulher.

Homens homoafetivos sobrecarregados de vergonha e culpa.

Homens homossexuais apresentando estereótipos de feminilidade.

Homens sem homens. Homens sem mulheres.

Homens permanentemente ameaçados de impotência.

Homens em relações amorosas e eróticas satisfatórias, porém permanentemente abalados por fantasia e desejo homossexuais.

Mais que uma simples opção, os caminhos da masculinidade dependem do conflito desempenhado pelo fantasma da homossexualidade, no núcleo da identidade masculina.

Homens menos assombrados pelo fantasma da homossexualidade podem conjugar de maneira genuína e pessoal a virilidade e a receptividade, a potência e a vulnerabilidade, a firmeza e a fragilidade, a dependência e a autonomia.

Quanto menos assombrado pelas fantasias homossexuais que constituem o ser homem, mais amplas e fluidas poderão ser as fronteiras que referenciam sua virilidade.

Referências

Bleichmar, S. (2006). *Paradojas de la sexualidad masculina*. Paidós.

Greenwell, G. (2016). *O que te pertence*. Todavia.

9. Uma poética do feminino: considerações sobre uma certa hora perigosa[1]

Após alguns minutos de silêncio, ela disse: "estava tão bem, mas assim que me deitei comecei a sentir raiva. Acho que é raiva, mas não tenho certeza. Parecia tudo tão bem e agora essa sensação ruim".

Depois de uma pequena pausa perguntou: "por que estou me sentindo assim?".

"Te assusta sair da tranquilidade?", perguntei.

"Se eu deixar sair tudo o que está aqui dentro, nem sei o que aconteceria", respondeu.

Depois se manteve em silêncio. Naquele final de tarde instável, seu corpo imóvel no divã, percebo que apertava com força os braços cruzados sobre o peito. Voltou a dizer: "se eu deixar sair tudo o que está aqui dentro".

---

1 Trabalho publicado na *Revista Brasileira de Psicanálise*, 55(4), 2021.

Manteve-se em silêncio por mais algum tempo. Eu não interferi.

Em seguida, falou sobre a personagem de um conto de Lispector: "é sobre uma mulher que tem mais ou menos a minha idade, e olha que interessante! Ela tem o mesmo nome que o meu. É uma mulher tranquila e em paz consigo mesma, mas numa certa hora da tarde tudo fica muito perigoso".

Para falar sobre a mulher que de repente perdeu a serenidade, minha paciente introduziu na sessão o seu duplo especular, personagem de Lispector. Ela, que cuidava tanto para não explodir, que tentava vigorosamente manter tudo em tranquila compreensão, de repente tudo isso era rompido para dar lugar à hora perigosa.

Após uma pausa, ela pergunta: "Clarice Lispector se suicidou?".

Silêncio.

"Acho que é por isso que muitos artistas suicidam-se, é quase sempre impossível tolerar essa coisa! Essa explosão! Mas talvez seja por tolerarem tudo isso que se tornam artistas. Ou criam ou morrem", murmurou.

Conversei com ela, nesta ocasião, sobre essa pergunta que continha tantas outras dentro de si. Seria possível experimentar o desejo, a necessidade, o vazio, e continuar viva? Seria possível suportar tamanha tensão? Preferível a morte? Preferível a vida psíquica congelada, mesmo tendo como consequência a cabeça oca e uma miserável solidão?

Ana e seu duplo especular

Eu não conhecia o conto de Lispector mencionado pela paciente. Fui buscá-lo dias depois da nossa sessão.

Ana é uma mulher de 37 anos, descrita como uma mulher tranquila e em paz consigo mesma. Seus filhos cresciam, o marido retornava à casa na hora certa. Ana dava conta de tudo: casa, marido, filhos.

No entanto, certa hora da tarde era perigosa. Certa hora da tarde, tudo o que havia construído ria dela. Quando nada mais precisava dela, inquietava-se: "certa hora da tarde as árvores que plantara riam dela. Quando nada mais precisava de sua força, inquietava-se" (Lispector, 1993, p. 30).

Mudara muito desde que se casara e tivera filhos. Antes de virar mulher, na adolescência, uma exaltação perturbadora, uma turbulência insuportável. Apesar da mudança, havia ainda a hora perigosa. Quando a casa estava vazia sem precisar mais dela, quando olhava os móveis limpos e seu coração se apertava em espanto, esta era a hora perigosa. E como na sua vida não havia mais lugar para sentir ternura por seu espanto, ela "abafava-o com a mesma habilidade que as lides em casa lhe haviam transmitido" (Lispector, 1993, p. 31).

Para precaver-se da casa vazia, fazia compras no supermercado, levava os objetos para consertar. Quando voltava os filhos já estavam por chegar, e só restava cuidar deles até que a noite começasse com sua tranquila vibração.

Mas um dia, voltando para casa com as compras já feitas, o bonde vacilando nos trilhos, entrando em ruas largas, anunciando o final da tarde, nesse dia ela enxergou um homem no ponto do ônibus. O homem estava parado, imóvel. Era um homem cego. Então ela viu: o homem cego mascava chiclete.

> *Inclinada olhava o cego profundamente, como se olha o que não nos vê. Ele mastigava goma na escuridão. Sem sofrimento, com os olhos abertos. Ana olhava-o. E quem*

> *a visse teria a impressão de uma mulher com ódio. Mas continuava a olhá-lo, cada vez mais inclinada. (Lispector, 1993, p. 32)*

Não conseguia tirar os olhos de cima dele. Não conseguia deixar de olhá-lo profundamente. O coração batia espaçado, forte. As compras caíram de suas mãos. Ana deu um grito. Tentava se aprumar, pálida. Uma sensação, uma expressão de rosto há muito não usada, há muito não sentida, ressurgia incompreensível.

Os ovos haviam quebrados todos. As gemas amarelas e viscosas purgavam. O mal estava feito.

Por um momento, não conseguia saber onde estava, havia passado a rua da casa, parecia ter saltado no meio da noite. Seu coração batia de medo, em vão tentava reconhecer os arredores. Com muito custo retornou para casa.

Depois veio o marido, jantaram e a noite chegou. Ana conseguiu por fim dormir. De manhã acordaria aureolada pelos calmos deveres.

Feminino: um estado mental

Ana, minha analisanda, era a quarta filha de uma prole de cinco. Era considerada pela mãe, segundo ela, como a mais boazinha de todos: não chorava, não gritava, não reclamava. Quando não estava bem, refugiava-se num quartinho nos fundos da casa e brincava sozinha horas a fio. Possuía a crença de que era admirada por todos na família pelo seu bom senso, pela sua sensatez.

Ela que havia cuidado tanto para não explodir, ela que tentava vigorosamente manter tudo em tranquila compreensão, de repente tudo isso sendo rompido para dar lugar à revelação da cegueira.

Cegueira curiosa, mascando chiclete. O que o cego/análise provocou parecia não caber nos seus dias, no seu corpo teso. Esgotou-se o cotidiano, o igual ao mesmo.

Para se precaver da hora perigosa, a personagem de Lispector mantinha-se num constante fazer doméstico. Minha paciente, além disso, devorava livros e filmes. Em casa, assistia a um filme após outro. Nas sessões, costumava falar muito livremente, contava-me trechos de livros que estava lendo, recitava poesias e me dizia sobre poetas encantadores que acabara de conhecer. Mostrava-se com frequência plenamente povoada por literatura, escritores, romances, poetas e poesias, mas não pelas suas próprias ideias, sentimentos e pensamentos. Uma *outlander*, uma forasteira de si mesma, uma estranha à terra em que se encontrava, impossibilitada de assentar moradia na própria história e na ancestralidade.

No entanto, na sessão em que é acometida por súbita perturbação, encontra-se com Ana, personagem de Lispector: o seu duplo especular.

Não à toa.

Lispector nos brinda de forma especial (Ana intuía isso; durante esse período do nosso trabalho analítico, tornou-se uma assídua leitora de Lispector, e eu também, estimulada por ela) com personagens que nos revelam uma vida psíquica estagnada que, de repente, explode. Há um cotidiano, um lugar comum que subitamente dá lugar a uma revelação acompanhada por desorientação, instabilidade, incompreensão, terror. O mundo apresenta-se à revelia. O espaço de isolamento e reclusão se desmancha. A potência das mais variadas sensações e emoções lateja e purga.

Na sessão anterior à que se apresentou por meio da personagem de Lispector, Ana relatou seu incômodo em fingir para si mesma que estava tudo bem:

> *Veja que coisa! Fico abismada comigo mesma, eu me sinto bem e então algo acontece que rompo com tudo e me fecho. Nada me abala. Não sinto nada. Mas o que mais me espanta é tudo isso acontecendo comigo e eu indo trabalhar, fazendo tudo que tem que ser feito, como se nada estivesse ocorrendo. Se alguém olhar para mim, não diz que estou tão perturbada.*

A percepção de que não poderá mais se enganar, "fingir" para si mesma que está tudo bem, que nada está de fato ocorrendo, deixa Ana abismada, perplexa, aturdida. Não dá mais para esconder que há perturbação, que há cegueira, que há "o coração batendo violento, espaçado, há também a expressão do rosto há muito não usada, ressurgindo com dificuldade, ainda incerta, incompreensível" (Lispector, 1993, p.32).

Naquela tarde, quando me fala de sua hora perigosa, Ana não tinha clareza da amplitude e profundidade da frase sussurrada quase num desabafo. Como quem olha num misto de surpresa e espanto através de uma pequena fresta, começa a perceber que sua vida psíquica estagnada estava ruindo: ou criaria ou morreria por antecipação.

Tempos depois, Ana começou a apresentar convulsões. Convulsões leves acompanhadas de tremores no queixo e movimento involuntário da língua e das mãos. Relatou que estava com muito medo de ficar mentalmente inválida. Havia perdido o ritmo de sua vida. Seu corpo tremia sobre o divã. Disse que já havia apresentado esse mesmo sintoma quando entrara na faculdade e tivera que se mudar sozinha para outra cidade.

Seguem-se a partir daí sessões povoadas de sonhos e histórias que evidenciam o ideal fálico de Ana.

Em um deles, ela estava numa casa com muitas pessoas, estava no meio de uma festa, alguém lhe deu um vestido e disse que era seu e que deveria vesti-lo. Tentou colocá-lo por cima da calça comprida e não conseguia. Disse então que iria para o quarto, tirar a roupa para vesti-lo.

O que mais lhe chamou a atenção nesse sonho foi a aflição que sentia o tempo todo. Não queria tirar a calça comprida e não conseguia colocar o vestido por cima da calça.

O ideal de grandiosidade e completude está posto em xeque, gerando constante aflição.

Na semana seguinte, Ana chega animada, dizendo ter assistido a um filme muito interessante: *Orlando*, dirigido por Sally Potter, com roteiro baseado na obra de Virginia Woolf. Noto nesse período da análise que Ana me falava sobre filmes e livros menos com uma postura de crítica literária e mais com o ensejo de desbravar-se.

"É um filme muito longo", disse, "mas vou te contar o que mais me chamou a atenção":

> *Orlando era um homem muito lindo que se põe a debochar da rainha Elizabeth, a debochar da sua velhice. Como castigo a rainha lhe deu o poder de nunca envelhecer. Viveria 600 anos, e lhe deu o título de barão e lhe doou um castelo. Estava para casar, mas se encontrou com Sacha e por ela se apaixonou. Rompeu o noivado com a outra e foi se encontrar com Sacha, que nunca apareceu. Correu o mundo, deparou com guerras. Magicamente se transformou em uma mulher. Voltou para o seu castelo, mas lá lhe disseram que aquele castelo era de Orlando, e não seu. Caiu em desespero. Percorreu os jardins do castelo e finalmente se encontrou com um homem. Pediu a ele para ser sua amante. Ele aceitou. Ela engravidou e teve uma filha, mas nunca acompanhou esse homem que, no final, foi para a América. A história continua até*

> *os tempos atuais. E no final ela se pergunta: quem sou eu? Qual o meu nome?*

Dá-se, a partir daí, o início de um trabalho de percepção do si mesmo com estremecimento, estranhamento e decomposição da rotina de viver.

O que até então lhe parecia ser a conquista de uma compreensível e sadia vida adulta passa a ser explorado como uma armadilha contida no ideal fálico, por lhe ser intolerável vivenciar o desamparo, a vida e a morte, o indizível, o mistério, a falta.

> *[...] fazia-se no Jardim um trabalho secreto do qual ela começava a se aperceber. A moral do Jardim era outra. Agora que o cego a guiara até ele, estremecia nos primeiros passos de um mundo faiscante, sombrio, onde vitórias-régias boiavam monstruosas. As pequenas flores espalhadas na relva não lhe pareciam amarelas ou rosadas, mas cor de mau ouro e escarlates. A decomposição era profunda, perfumada [...] E por um instante a vida sadia que levara até agora, pareceu-lhe um modo moralmente louco de viver. (Lispector, 1993, pp. 36-37)*

O Jardim Botânico/sala de análise coloca em movimento o desconhecido, o misterioso, os escondidos territórios faiscantes e sombrios.

Já escrevi sobre esse meu encontro com Ana numa outra ocasião (Lamanno-Adamo, 2012), mas agora, lançada a questão sobre o feminino, tomo fragmentos dessa experiência clínica sob outro viés. Uma experiência emblemática para a revelação do feminino e estratégias para ocultá-lo.

Ao longo de sua obra, Freud investiga "Algumas consequências psíquicas das diferenças anatômicas entre os sexos" (1925/2006a), a

"Sexualidade feminina" (1931/2006b), a "Feminilidade" (1932/2006c). Posteriormente, ao considerar a "Análise terminável e interminável" (1937/2006d), enfatiza que a feminilidade não caracteriza nem o masculino, nem o feminino, e a aponta como registro originário do psiquismo.

Não se trata, portanto, de um atributo específico da mulher ou do homem, mas comum aos dois. No mesmo artigo, declarou que o "repúdio à feminilidade seria uma notável característica da vida psíquica dos seres humanos" (Freud, 1937/2006e, p. 268).

Seguindo essa linha de pensamento, Cournut (citado por Alizade, 2008) diferenciou feminino de feminilidade. Feminino diz respeito à feminilidade primária, temida e recusada. Encarna o imaginário do não poder, do indefenso e do perigo no contato com o fraco e com o perecível.

Sob essa perspectiva, considero o feminino não decorrente do sexual ou do gênero, não como um adjetivo, uma qualidade, mas como um estado mental, um conjunto de condições em que o indivíduo se encontra em um determinado momento. A noção de estados mentais, introduzida por Meltzer (1973/1979), diz respeito a algo não definitivo, permanente, adquirido ou perdido de forma absoluta.

Por conseguinte, concebo o feminino como um estado mental fugidio que encarna o constitutivo do ser humano, isto é, o enigma da criação, a vida e a morte, o indizível, o mistério, a falta. Um continente obscuro, temeroso, misterioso, com seus escondidos territórios e espaços inexplorados possuidores de desejosas riquezas.

Tarefa complexa esta de abarcar e explorar o feminino dentro se si. Há repúdio, fascínio, raiva e ódio também.

O encontro inesperado com o feminino promove a queda do ideal fálico e os consequentes raiva e ódio como artifícios defensivos. "Estava tão bem", disse a paciente, "mas assim que me deitei comecei a sentir raiva": "olhava o cego profundamente, Ana olhava-o. E quem a visse teria a impressão de uma mulher com ódio".

Nesta perspectiva, a rotina diária de afazeres (da personagem de Lispector) e de obrigações a serem cumpridas, e o excesso de literatura e filmes (apresentados pela paciente e narrados nas sessões), evidenciam artifícios para se precaver do encontro com o feminino dentro de si. Assim, toda uma suposta potencialidade insondável é abafada e canalizada para o uso e implemento de artifícios defensivos, englobando quase todo o seu ser (passado, presente e futuro).

Numa bela tarde, quando Ana volta das compras e toma um bonde para chegar à sua casa, esse funcionamento é posto em xeque. No bonde/divã, a figura da cegueira abala todo o equilíbrio tênue de um mundo estritamente organizado, e deflagra uma situação perturbadora que provoca horror e um irremediável mal-estar. O mundo torna-se ameaçador. O saco de tricô, que segurava as compras, cai do colo de Ana com a arrancada do bonde, quebrando os ovos. Nesse momento, o feminino, envolto em uma casca dura, mas frágil e quebradiça, é deflagrado.

Quando o ovo cai e se quebra, quando a paciente adentra o processo de análise, clara e gema escorrem para fora. O feminino irrompe: "não havia como fugir. Os dias que ela forjara haviam se rompido na crosta e a água escapava" (Lispector, 1993, p. 27).

A visão do cego/cegueira lança o feminino para fora da casca.

A metáfora do cego é instigante. Ser cego significa, ao mesmo tempo, ignorar a realidade das coisas, negar a evidência das coisas, mas também ignorar a aparência enganadora do mundo e, assim, ter o privilégio de conhecer sua realidade secreta, enigmática e profunda: o cego evoca a imagem daquele que vê com outros olhos, um outro mundo. É considerado menos um enfermo do que um forasteiro, um estranho (Chevalier & Gheerbrant, 1982).

E o cego mascava chiclete: "ele mastigava goma na escuridão" (Lispector, 1993, p. 32).

Em uma crônica intitulada "Medo da eternidade", Lispector (1994) relata o seu aflitivo e dramático contato com uma bala que não acabava nunca. Quando era pequena não havia provado chiclete, e onde morava falava-se pouco deles. Ela não sabia bem de que espécie de bala ou bombom se tratava. O dinheiro que tinha não dava para comprar, mas sua irmã juntou dinheiro e, ao saírem de casa para a escola, deu o chiclete para ela. Disse que se tratava de uma bala que não acabava nunca.

A irmã explicou que era para primeiro ir chupando o chiclete e só depois que passasse o gosto começar a mastigar. E então poderia mastigá-lo a vida inteira.

Num misto de espanto e estranhamento, perguntava-se como seria possível uma bala que não acaba nunca. Começou a mastigar e em breve tinha na boca um puxa-puxa cinzento de borracha que não tinha gosto de nada.

Na hora perigosa, o feminino repudiado torna-se glorificação de calmos deveres, gerando um dia após outro sem início nem fim. A bala que não acaba nunca se impõe como um puxa-puxa sem gosto, estranha como uma doença de vida.

Ou criam ou morrem, a paciente murmurou naquele final de tarde perigoso. Ou se constitui na tessitura do feminino um sujeito apto a representar o que estarrece, horroriza e espanta, ou se morre numa vida puxa-puxa cinzenta, sem gosto nenhum.

Cabe ressaltar que um estado mental, quer seja um estado mental que sustenta, quer seja um estado mental que repudia o feminino, não é definitivo, não é adquirido e perdido de forma absoluta.

Ao chegar ao seu apartamento, Ana abraçou o filho como se fosse um porto seguro. Abraçou-o com demasiada força. Depois recebeu o marido, os seus irmãos e cunhadas para o jantar. E depois, diante do espelho, penteou-se, "sem nenhum mundo no coração, antes de se deitar e como se apagasse uma vela, soprou a pequena flama do dia" (Lispector, 1993, p. 41).

Ana, minha paciente, se perguntava em muitos momentos: "será que vou dar conta de sustentar esta disritmia, esta desorientação?". Muitas vezes questionava também se a análise não a estaria levando a uma insanidade sem fim: "não seria melhor retornar à minha vida exatamente como era antes?".

O que o Jardim Botânico/sala de análise desencadeou caberá no seu corpo teso?

Nesta perspectiva, considero o feminino uma metáfora do sujeito na psicanálise, constituindo-se permanentemente na sustentação e repúdio ao que espanta, fascina, causa horror e assombro. Uma metáfora da atração pelo enigma e o inevitável fracasso em decifrá-lo de cabo a rabo.

Referências

Alizade, M. (2008). Feminilidade primária – feminilidade estrutural. *Revista Brasileira de Psicanálise*, *42*(4), 153-160. Recuperado em 10 de maio de 2023, de http://pepsic.bvsalud.org/pdf/rbp/v42n4/v42n4a18.pdf

Chevalier, J. & Gheerbrant, A. (1982). *Dicionário de símbolos*. José Olympio.

Freud, S. (2006a). Algumas consequências psíquicas da distinção anatômica entre os sexos. In S. Freud, *Edição standard brasileira das obras psicológicas completas de Sigmund Freud* (Vol. 19, pp. 277-288). Imago. (Trabalho original publicado em 1925).

Freud, S. (2006b). Sexualidade feminina. In S. Freud, *Edição standard brasileira das obras psicológicas completas* (Vol. 21, pp. 233-255). Imago. (Trabalho original publicado em 1931).

Freud, S. (2006c). Feminilidade. In S. Freud, *Edição standard brasileira das obras psicológicas completas de Sigmund Freud* (Vol. 22, pp. 113-135). Imago. (Trabalho original publicado em 1932).

Freud, S. (2006d). Análise terminável e interminável. In S. Freud, *Edição standard brasileira das obras psicológicas completas de Sigmund Freud* (Vol. 23, pp. 223-271). Imago. (Trabalho original publicado em 1937).

Lamanno-Adamo, V. L. C. (2012). Contando do começo. *Jornal de Psicanálise, 45*(83). Recuperado em 10 de maio de 2023, de http://pepsic.bvsalud.org/pdf/jp/v45n83/v45n83a04.pdf

Lispector, C. (1993). Amor. In C. Lispector, *Laços de família*. Francisco Alves.

Lispector, C. (1994). Medo da eternidade. In C. Lispector, *A descoberta do mundo*. Francisco Alves.

Meltzer, M. D. (1979). *Estados sexuais da mente*. Imago. (Trabalho original publicado em 1973).

10. *Sob a pele*: considerações sobre o funcionamento protomental[1]

Bion (1981) cogitou a coexistência na personalidade de diferentes modos de funcionamento mental, alguns deles representantes de configurações embrionárias que sobrevivem sem registro simbólico. Denominou a área mental sem registro simbólico de protomental. Nessa área, corpo e mente permanecem em estado indiferenciado. Esse funcionamento contém registros que permanecem como vestígios arqueológicos de fases primevas do desenvolvimento. Protoemoções e protopensamentos que permanecem crus, não processados psiquicamente. Não se pode dizer que são inconscientes, pois não alcançaram inscrição psíquica.

Para conceituar uma área embrionária da mente, Bion (1981) parte da conjectura de que na vida intrauterina já existem protótipos de sensações e emoções. Determinadas condições ligadas ao bebê (intolerância excessiva a essas sensações-emoções) e ligadas à mãe

1 Trabalho apresentado em mesa-redonda no XXXIV Congresso Fepal, realizado em Cartagena em 2016.

(condições bioquímicas dela, transtorno na capacidade de *rêverie*) acabam criando no feto uma necessidade de desfazer-se desses estados protomentais. Dessa forma, eles se tornam *inacessíveis,* não se transformam ou não se transferem para o nível psíquico. Não propiciam simbolização e, portanto, pensamento. Ficam numa situação de fósseis vivos, não sendo possível, assim, dizer que são inconscientes.

Trata-se de um conjunto de condições tão primitivas que dificilmente se pode falar que pertencem ao que chamamos de espaço mental, ou psiquismo, pois se constituem em área de fronteira entre o mental e o psíquico. Um espaço constituído por protoemoções e protopensamentos que não transpuseram a cesura do desenvolvimento, sensações primitivas que, desde o início, não estiveram em conjunção, permanecendo em um estado de cesura intransponível. Sua natureza é disjuntiva.

Em alguns casos esses estados, sob determinadas condições, podem deslizar para um nível diferente (mas sem sair da cesura) e transformar-se em doença psicossomática ou em comportamento grupal. Em outros casos mais severos, permanecem encapsulados e podem sofrer uma proliferação.

Vou me valer do filme *Sob a pele* como estímulo para refletirmos sobre essa área protomental constituída por elementos desconexos, protoemoções e protopensamentos que não se articulam em linguagem porque os vínculos entre eles nem sequer chegam a se constituir. Não podem, assim, integrar uma cadeia de elementos alfa, elementos disponíveis para sonho, imaginação, pensamento.

Sob a pele é um filme de 2013, dirigido por Jonathan Glazer e protagonizado por Scarlett Johanson. O cenário é a Escócia, atraente por sua vastidão, explorada de van, estrada afora, por dias e noites, ruas e penumbras.

Isolamento, solidão, promiscuidade e uma opressiva condição humana se mesclam com paisagens enevoadas que tornam o horizonte quase infinito.

O filme é silencioso e seu ritmo, lento.

A experiência visual é impactante, construída sob um fiapo de roteiro.

Em sua jornada solitária, a protagonista, sem nome, sai em busca de homens, de preferência homens solitários e sem família. Praticamente não há motivação ou planos, não há diálogos, nada além de uma fala genérica.

As paisagens lúgubres dos subúrbios da Escócia se contrapõem aos momentos em que a mulher leva os homens a uma casa abandonada. Nesse lugar, em um ritual sombrio, os corpos submergem em uma espécie de tanque com um líquido escuro e gosmento, no qual a mulher parece caminhar incólume. Não fica claro para o espectador como os corpos desses homens são decompostos, nem a origem da personagem, nem suas motivações. Não há grito, sangue, repulsa, tentativas de fuga.

Por ser uma obra aberta, criada essencialmente por cenas impactantes e quase nada de diálogo, o filme sugere diversas interpretações.

Articulando essas imagens e o fiapo de enredo com o funcionamento protomental, arrisco-me a conjeturar que o líquido escuro e gosmento onde os corpos são decompostos pode ser visto como uma metáfora para os vestígios de vida intrauterina, com seus elementos arcaicos. O tanque com líquido escuro e viscoso é parado, imóvel. No líquido viscoso e escuro ocorreram catástrofes, mas nada disso chega à superfície.

Seria a protagonista a sobrevivente de uma catástrofe? No filme, assim como ocorre com a manifestação de área protomental, a catástrofe não é evidenciada em forma de linguagem, numa comunicação que chamamos de "verbal". O enredo encenado repetidas vezes, os corpos sendo decompostos no tanque com líquido escuro e gosmento, evidenciaria a descontinuidade de sensações primitivas que, desde o início, não puderam entrar em conjunção e permanecem num espaço de cesura intransponível? Ações substitutivas de uma mente pensante? Imagens-ações sugerindo registros sensoriais que restaram de um desmoronamento psíquico?

O enredo muda de rota sem nenhuma explicação quando escapa da captura um perturbado homem com rosto deformado.

A protagonista começa, então, a vagar pela floresta e pelo litoral da Escócia, e passa a experimentar hábitos humanos como comer e fazer sexo. Começa a ficar curiosa sobre o mundo das relações humanas. Tenta fazer sexo com um homem que a acolhe, mas não consegue, talvez por "falta de anatomia", mas isso não fica claro no filme.

Fica sugerido, no final do filme, que se trata de uma possível incursão de uma alienígena na terra e um possível percurso de humanização da protagonista. Nas últimas cenas, aparece a protagonista no meio de uma floresta despindo-se da própria pele, e o que aparece é a figura de uma alienígena. O que vê sob a própria pele a leva às lágrimas. Um momento sublime, doloroso e angustiante do filme.

A última cena mostra a protagonista em chamas, correndo pela mata e desvanecendo em fumaça.

Uma instigante metáfora para pensarmos as vicissitudes desse movimento *trans* (do alienígena para o humanizado) assentado em vivências explosivas e incendiárias. O fogo constitutivo do desejo, fogo instintivo, fogo que se expressa sob a forma de desenvolvimento libidinal do indivíduo.

O significado original da palavra alienígena é estrangeiro. Palavra usada para designar o que veio de fora, de outra nação, o estranho, o desconhecido.

Como situar o "alienígena" sem lugar estabelecido a partir dos elementos dispersos e encapsulados, travestidos de "nacional" e conhecido, sem que se perca o potencial de originalidade e criatividade?

Quais os riscos inerentes a esse desencapsulamento?

Em outras palavras: poderemos ter uma catástrofe ou uma mudança catastrófica?

Referência

Bion, W. R. (1981) Caesura. *Revista Brasileira de Psicanálise*, 15(2), 123-136. (Trabalho original publicado em 1977).

11. Sobre *A história dos ossos*: uma história de desenlutamento[1]

Desenlutamento é um conceito apresentado por Jean-Claude Rolland, do qual tomei conhecimento durante sua Conferência na Sociedade Brasileira de Psicanálise de São Paulo (2017).

Tomada por essa concepção, me vi às voltas com a novela *A história dos ossos*, de Alberto Martins (2005), instigada a alcançar alguma articulação entre o conteúdo da novela e algumas formulações de Rolland.

Em "Luto e melancolia", Freud (1915/1990) formula que durante o doloroso trabalho do luto, o objeto perdido deve ser acessado em todas as suas variadas representações, ocorrendo durante esse tempo uma verdadeira *devoção ao luto, devoção que nada deixa a outros propósitos ou a outros interesses* (p. 276). O sujeito vive um processo que poderia ser considerado de adoecimento, caso não fosse tão cor-

1 Trabalho publicado no *Jornal de Psicanálise*, 51(94), 261-269, 2018. Recuperado de http://pepsic.bvsalud.org/pdf/jp/v51n94/v51n94a21.pdf

riqueiro e natural, pois grande parte da energia psíquica disponível fica ocupada nessa devoção ao objeto perdido.

O modo de desligar-se desse objeto e liberar a energia psíquica que está investida nele é o que Freud chamou de trabalho do luto: o teste da realidade revela que o objeto não mais existe, exigindo que a libido investida nele seja retirada. Essa exigência gera uma forte oposição, pois uma posição libidinal nunca é abandonada de bom grado, sendo tão forte que provoca um desvio da realidade em direção ao investimento das representações do objeto perdido. Em função disso, o desinvestimento do objeto é feito pouco a pouco e com grande dispêndio de energia psíquica, o que, por sua vez, prolonga a existência do objeto perdido.

Durante esse processo, cada uma das representações é evocada, hiperinvestida e posteriormente desligada, fazendo-se o domínio da realidade da perda de forma fragmentária e penosa. Ao final desse trabalho, para Freud, o eu fica outra vez livre e desinibido, podendo reinvestir libidinalmente novos objetos.

Diferentemente do sujeito enlutado, o melancólico não sabe "o que perdeu" na perda, não consegue distinguir conscientemente "quem perdeu" de "o que perdeu" nessa perda. Trata-se, portanto, de uma perda objetal retirada da consciência (Freud, 1915/1990).

O sintoma central e definidor da melancolia é a diminuição da autoestima, *encontrando expressão em autorrecriminação e autoenvilescimento* (Freud, 1915/1990, p. 276). Para Freud, esse ataque ao Eu, que danifica profundamente a autoestima, está, na verdade, dirigido ao objeto que foi internalizado ambivalentemente após a perda.

Assim, a autocensura do melancólico seria uma repreensão, um ataque, ao objeto perdido com o qual se identifica – objeto este ao mesmo tempo amado e odiado. Esse ódio destrói o Eu do sujeito, que está identificado com o objeto de amor odiado, restando um empobrecimento significativo do Eu. No luto, é o mundo que se torna pobre e vazio; na melancolia, é o próprio ego.

Portanto, é parte essencial do trabalho de luto representar uma experiência de perda por vários ângulos diferentes – investir, desinvestir e reinvestir a representação do objeto perdido.

Rolland (2017a, 2017b), esmiúça e aprofunda a essência do trabalho de luto concebido por Freud, trazendo para o centro desse processo a palavra com endereçamento discursivo ao objeto perdido, criando uma interlocução entre sujeito e objeto perdido.

Enlutamento e desenlutamento, diz Rolland (2017a), são neologismos que permitem explorar o processo desde a introjeção do objeto que organizou a melancolia até o trabalho de luto que desligará a libido.

O trabalho de enlutamento melancólico "conserva" o objeto e investe a dor como equivalente a uma libido do objeto, a dor tornando-se o substituto do objeto que a gerou, tendo como primeiro efeito uma grande restrição da subjetividade. O desenlutamento dá continuidade ao trabalho de luto e desfaz a condensação melancólica do sujeito com o objeto, ao criar uma interlocução entre eles. Ao ser vascularizada pela palavra e pelo discurso, a confusão melancólica se desfaz, a ligação passional afrouxa, e a dor, dissimulada pelo recalque, alivia. O objeto do investimento anterior torna-se objeto do endereçamento do discurso e põe em movimento, por meio da palavra, uma representação a outra, um significante a outro (Rolland, 2017a).

A instauração da interlocução, afirma Rolland (2017a), evolui para um diálogo e cria condição para a subjetividade:

> *É estarrecedor pensar que a língua, do modo pelo qual é transmitida à criança e antes mesmo que se aproprie daquela como ferramenta de troca e de comunicação,*

> *serve para que a criança construa uma identidade e uma interioridade. Nesse caso, poder-se-ia pensar que o poeta encontra uma função "subjetivante" da língua, encoberta secundariamente por outras, portanto, uma língua arcaica e perdida, e que, para o nosso grande prazer, ele nos coloca em contato com ela. (*Rolland, *2017a, p. 7)*

Enquanto a melancolia retarda o máximo possível o trabalho de luto, o desenlutamento coloca em movimento o trabalho de luto na sua característica essencial, isto é, buscar uma linguagem para falar sobre a perda, encontrar uma palavra viva para vencer a escuridão e o silêncio.

A história dos ossos

"A história dos ossos", novela que dá título ao livro de Alberto Martins, e "O cão no sótão", que com ela faz par, me auxiliam a pensar o lugar da palavra no processo de desenlutamento, desde a obsessão pela escrita até o retorno, anos depois, à cidade natal, para dar um destino aos ossos do pai, removidos do cemitério que, privatizado, está prestes a ser alugado para um terminal de contêineres.

Em "O cão no sótão", primeira parte do livro *A história dos ossos*, o narrador introduz sua história por meio de um prólogo:

> *Pouco depois de chegarmos a São Paulo meu irmão mudou-se para o quarto dos fundos, separado da casa por um quintal de cimento. Dentro, ficamos eu, a mãe e uma tia que viera ajudar no trabalho doméstico, naqueles dias em que o nome do pai era impronunciável entre nossas paredes. O quarto, que minha mãe havia entulhado de material de limpeza e sobras de mudança, fora usado pelo*

> *inquilino anterior como laboratório fotográfico e, antes ainda, como oficina de encadernação. Tinha as paredes pintadas de preto. Nos cantos, amontoavam-se bacias de plástico, pinças, tesouras, escovas, um prelo, panos velhos, baldes e latas de cera. O irmão não se importou com nada daquilo. Deitou um tampo de porta sobre dois cavaletes e passava horas escrevendo. (Martins, 2005, p. 13)*

De dia o irmão ainda o deixava entrar e remexer no entulho. Nessas ocasiões, descobriam juntos prendedores de papel, faquinhas de osso e penas de metal que o irmão examinava com o cuidado de um arqueólogo. Então conversavam sobre literatura, um assunto que o apaixonava. O irmão falava de alguns poetas franceses, que conheciam bem.

Escrever, dizia o irmão, não era um projeto para a vida inteira; se conseguisse escrever uma única página viva, era assim que se expressava, a segunda parte de sua vida se cumpriria na mais absoluta "imprevisível e irremediável liberdade" (Martins, 2005, p. 14).

Nessas primeiras narrativas, o autor nos faz entrever tentativas de instalação de um trabalho de luto. O irmão, seu duplo especular, naqueles dias em que o nome do pai era impronunciável, naqueles dias quando não há lamento sobre a perda do pai, pois essa ainda se configura não como perda do objeto, mas sim como a perda do próprio ego (Freud, 1915/1990), naqueles dias de profunda dor trancafiada no quarto dos fundos, num quarto com paredes pretas, cheio de entulhos, sobras de mudanças, de coisas-em-si ainda desligadas do afeto, naqueles dias ele procurava a palavra viva, ele procurava uma única página verdadeiramente viva capaz de propiciar um trabalho de luto libertador.

No entanto, na sequência, o que encontramos é um retrocesso a uma identificação melancólica com o objeto: o rapaz cada vez mais fechado em si mesmo, fazendo refeições sozinho no quarto, o seu vulto sendo visto pelo vão da porta. Algumas vezes, de madrugada, na mesa da cozinha, "roíam calados pedacinhos de pão borrachento, enquanto o ruído da geladeira conversava por eles" (Martins,2005, p. 14).

A mãe passou a ver com temor a paixão desmedida dele pela escrita, e então lhe arranjaram, já que ele gostava tanto de escrever, um emprego no escritório, um trabalho burocrático, que o levava a inquirir exaustivamente cada folha de cima abaixo, a tomar notas, repassá-las para memorandos que em seguida ele remetia aos superiores.

Tempos depois, não era mais o rapaz de gestos contidos, o rapaz que trocava o dia pela noite, buscando ao menos uma única página verdadeiramente viva; tempos depois, ele passou a redigir, dia após dia, esboços de contratos, pareceres, petições.

O trabalho de luto é abortado e a melancolia se instala. Onde a palavra viva era buscada, encontramos um substituto para sua profunda dor: o manuseio compulsivo de palavras mortas.

A palavra morta é a Coisa que sufoca, que deixa sem ar, é o sono sem sonho, o torpor. A palavra viva é uma palavra por dizer, o verbo no infinitivo confere com determinação a ideia de continuidade, de um dizer que está sendo dito e de um dizer que está sempre por ser dito (Lamanno-Adamo, 2015).

Um dia, ao visitar o irmão no escritório, em vez da limpeza que encontrara nas visitas anteriores, encontrou o tampo da escrivaninha coberto por todos os tipos de arquivos, grampos, alfinetes, pinças e uma infinidade de quinquilharias sem nome: "perseguia uma ideia, perdia-a; engasgava num silêncio prolongado, voltava à superfície, a pele branca brilhava de suor, as mãos giravam nervosas uma barrinha de metal" (Martins, 2005, p. 16).

Nesse momento, evidencia-se uma tentativa de desenlutamento, isto é, de retorno ao trabalho de luto interrompido. Com aspecto febril, o irmão disse que vinha mudando suas ideias acerca da escrita, "agora que tinha que zelar pela transcrição exata dos autos, via que todos os processos haviam se originado na palavra, na palavra falada, por isso estava concebendo uma peça, uma peça de teatro, um monólogo a muitas vozes" (Martins,2005, p. 16).

Um dia se aproximou devagar e se pôs a escutar o irmão. Com nitidez espantosa ouviu cada frase que o irmão proferia e transcreveu sílaba por sílaba. No quarto entupido de livros, o rapaz sentado à mesa falava:

> *[...] ainda uma voz por aqui? Não querem sentar-se... mas basta, basta de teatro [...] sou escrivão da província, tudo que faço é ler, reler artigos, raramente alterar um título. Vês a pilha de processos sobre a mesa? [...] E fechem bem a porta! Para passar a limpo esses autos preciso estar só como num poço [...] pense, pensar-se, estar penso – quanto exercício nesse exercício . . . mas o que é isso? De todos os meus auditores, quedou-se um. Quedou-se uma cauda . . . E posso ouvir-lhe a respiração. Não, não é uma cauda! É um cão – e como se abana! Avante animalzinho. Queres escutar o solilóquio de um sozinho? Alguém que vive do ócio como tu será o melhor ouvinte à minha exposição. Afinal não há nada que estimule tanto um homem a falar quanto um discreto e dissimulado espectador. Por isso, acomoda-se num canto enquanto me apresento. (Martins, 2005, pp. 19-20)*

Transcreveu a fala solitária do irmão, isto é, do seu duplo em busca de um interlocutor, por vários dias seguidos. Fez isso sem contar a ninguém. Numa certa altura, não ouviu mais vozes, juntou as forças e foi para casa, exausto. Passou o resto do dia feito um zumbi e no início da noite teve febre.

Na tarde do dia seguinte foi despertado pela notícia: o fogo tinha consumido todo o imóvel, tudo não passava de um tufo carbonizado, de todo o escritório restava apenas o carvão "que se tornava cinza, que se tornava pó que o vento soprava espalhando na calçada" (Martins, 2005, p. 33). O pensamento inconsciente organiza-se aqui "como um jogo em que o diretor de cena permanece inalcançável" (Rolland, 2017b, p. 105). O nome do pai se mantém impronunciável.

A primeira parte da novela, "O cão no sótão", coloca em evidência o espectro melancólico do luto: o nome do pai é impronunciável (sujeito e objeto da fantasia não se distinguem um do outro). O rapaz está isolado, trancafiado no quarto pintado de paredes pretas. Ele busca, em meio a um amontoado de Coisas, ao menos uma página verdadeiramente viva capaz de propiciar um trabalho de luto libertador. Esta tentativa é abortada, e a busca da página viva se transforma em um manejo burocrático das palavras: uma tarefa inesgotável de conferir papéis, letras e arquivos mortos. Tempos depois, ele tenta novamente retomar o trabalho de luto e recomeça o trabalho de perseguir uma ideia, buscá-la e perdê-la, engasgar-se num silêncio prolongado, voltar à superfície: "viu que todos os processos haviam se originado na palavra, na palavra falada, por isso estava concebendo uma peça, uma peça de teatro, um monólogo a muitas vozes" (Martins,2005, p. 16). Tentativas desesperadas que redundaram num solilóquio.

Cinza sobre cinza dá abertura à segunda parte da novela, "A história dos ossos", toda ela narrada em primeira pessoa. Combinando memória áspera e ironia, a narrativa vai dando forma a uma nova tentativa de desenlutamento, matéria volátil. Momento decisivo de suspensão da recusa a renunciar o objeto edípico. O trabalho de luto é novamente instalado.

Começa assim: "dera infiltração no túmulo do pai, junto com as obras de privatização do porto, a prefeitura ia reformar o antigo cemitério, mais de seiscentos túmulos seriam removidos" (Martins, 2005, p. 39).

Três semanas depois, ele foi para a sua terra natal. O cemitério ficava no centro velho da cidade, perto do cais. Entregaram-lhe um embrulho com os ossos do pai, o que restava do pai. Tarefa incômoda, a de dar novo destino aos despojos e enfrentar rancores e culpa de um cemitério em reforma.

Atravessou uma cidade degradada, o passeio insólito reunia a contragosto filho, ossada paterna, memórias da infância, memórias do pai:

> *[...] o pai sempre fora severo e cinza – mas de uma variedade tão grande de cinza que estes acabavam matizando tanta severidade [...] como se ao pai fosse dolorido romper o selo das coisas que um dia não tiveram dono [...] por que o pai não subira a serra conosco, mas teimara em ficar ali, na cidadezinha apodrecida? Saíra da casa ampla em que morávamos para se meter num quartinho desenxabido do centro, longe de rodas, amigos, parentes. Naquela época eu não sabia se o pai tinha motivos [...] na hora da mudança ajudei a despachar os embrulhos para dentro do caminhão, na casa, lembro, ficamos eu, minha mãe e meu irmão [...] mas era mesmo a cidade? Ou era outra, fora de todo o alcance da memória? (Martins, 2005, pp. 51-53)*

A segunda parte da novela, "A história dos ossos", revela a retomada do trabalho de luto por meio de um processo de desenlutamento bem-sucedido. Depois da encenação da identificação melancólica, revelada na primeira parte da novela, agora a narrativa tenta desfazê-la, descondensá-la. O pai entra em cena (separação sujeito e objeto): infiltração no túmulo do pai/exumação dos ossos do pai/o que restou do pai sob a forma literal de embrulho/visita à terra natal/

memórias do pai/o não entendimento sobre a separação dos pais/rancor à figura cinzenta do pai.

O trabalho de luto segue seu curso, o objeto impronunciável do investimento anterior torna-se objeto do endereçamento do discurso e põe em movimento, por intermédio da palavra, uma representação a outra, um significante a outro. Há um trabalho sequencial de movimento entre representações e memórias ligadas ao objeto perdido, o que permite um fracionamento gradual do pesar e da saudade.

> *[...] eu lembrava dos pátios cheirando a café e maresia. De paredes descascadas, com bolhas de umidade e sal e tufos de samambaias brotando das fendas dos azulejos. Volta e meia baforadas de óleo quente subiam da calçada. O sol fermentava. Busquei abrigo numa calçada estreita que lembrou os fundos do escritório do pai. Uma janela-balcão pendia sobre a rua. Eu lembrava da rua e da cal que queimava os dedos do menino, a mão espalmada atritando os muros. Lembrava de calçadas sinuosas com pedras pretas e brancas como ondas. Mas os mosaicos tinham sido trocados por bloquetes de cimento e os paralelepípedos, tapados por uma manta de asfalto. Um cheiro de azedume saía da sarjeta. Na esquina topei com vestígios de trilhos de bonde. O asfalto não recobria inteiramente os sulcos e deixava à mostra duas pequenas ranhuras paralelas, que acumulavam folhas e um pouco d'agua. Tomei esses riscos como um rumo e andei à solta, pesando apenas o embrulho que levava debaixo do braço. (Martins, 2005, p. 50)*

Em 2013, oito anos depois de ter publicado *A história dos ossos*, Alberto Martins publicou *Lívia e o cemitério africano*, uma espécie de continuação do trabalho anterior. No livro de 2005 a mãe quase não aparece, é um filho lidando com a perda do pai. Já em *Lívia e o cemitério africano*, o narrador de certo modo se torna pai ao assumir um sobrinho, filho de Lívia com o irmão do protagonista. Além disso, entra em cena a figura da mãe, que não tinha sido explorada.

Durante uma entrevista, quando lhe perguntaram o que tem em mente quando se propõe a escrever, Alberto Martins respondeu que é obscuro aquilo que se persegue.

> *E por que os ossos, que aparecem tanto em A história dos ossos como em Lívia e o cemitério africano, o que significam?*
> *Não sei dizer, mas sinto que tem uma coisa forte aí, quase como se eles fossem a última afirmação de algo irredutível da vida, de algo verdadeiro. Não sei de onde vem isso, mas só sei que serve aos meus propósitos. E funciona. (Murano, 2014)*

Não seria o irredutível da vida o algo verdadeiro, uma busca permanente por uma linguagem para falar da perda do objeto perdido? Um permanente trabalho de desenlutamento, no sentido de reordenar e rearranjar os investimentos no objeto perdido numa busca impossível de um luto com um final pleno, no qual o sujeito se vê completamente liberado do objeto perdido?

O próprio Freud, citado por Leader (2011), parece questionar sua proposição de 1915 de um trabalho de luto plenamente exitoso quando escreve a Binswanger, em 1929:

> *Nunca encontraremos um substituto (para a perda). Não importa o que pode preencher esse vácuo, mesmo se ele for preenchido completamente, apesar disso, ele continuará*

> *sendo algo diferente. E, na verdade, isso é o que deveria ser, é a única forma de perpetuar aquele amor que não queremos abandonar. (Freud, citado por Leader, 2011, p. 103)*

De desenlutamento em desenlutamento, pelo sonho, tratamento analítico e pela criação artística, tenta-se vencer "o silêncio e a escuridão instalados pelo recalque do desejo e dor pelo objeto perdido" (Rolland, 2017a, p. 3) e refundar a identidade.

Referências

Freud, S. (1990). Luto e melancolia. In S. Freud, *Edição standard brasileira das obras psicológicas completas de Sigmund Freud* (Vol. 14). Imago. (Trabalho original publicado em 1915)

Martins, A. (2005). *A história dos ossos*. Editora 34

Martins, A. (2013). *Lívia e o cemitério africano*. Editora 34

Lamanno-Adamo, V. L. C. (2015). Morte e vida das palavras em *Palavras para dizer*. *Revista Ide*, *37*(59), 47-54. Recuperado de http://pepsic.bvsalud.org/pdf/ide/v37n59/v37n59a05.pdf

Leader, D. (2011). *Além da depressão. Novas maneiras de entender o luto e a melancolia*. Best Seller.

Murano, E. (2014). Entrevista com Alberto Martins. *Achados & Escritos*. Recuperado de https://edgardm.wordpress.com/2014/02/21/historias-osseas-de-alberto-martins-entrevista/.

Rolland, J.-C. (2017a, agosto 19). *O desenlutamento*. Conferência apresentada na Sociedade Brasileira de Psicanálise de São Paulo São Paulo, SP, Brasil.

Rolland, J.-C. (2017b). *Antes de ser aquele que fala*. Blucher.

12. Trabalhando com casais em tempos de distanciamento social: conversando sobre a técnica[1]

Na Inglaterra, logo após a Segunda Guerra Mundial, o divórcio aumentou 3.350%, atingindo números equivalentes a uma epidemia.

Assistentes sociais, psiquiatras e psicanalistas que faziam parte do Family Discussion Bureau estavam alarmados com os distúrbios na vida conjugal e familiar.

O Family Discussion Bureau, fundado em 1948 com o objetivo de oferecer cuidados físicos e mentais às famílias após a Segunda Guerra Mundial, era composto de assistentes sociais que trabalhavam na Family Welfare Association e de psicanalistas da Clínica Tavistock.

---

1 Trabalho apresentado no Encontro Trabalhando em Tempos de Distanciamento Social: conversando sobre a técnica, realizado pela SBPCamp em junho de 2020.

Reconhecendo a necessidade de compreender em profundidade as forças psicológicas que precipitavam as dificuldades conjugais, esses profissionais iniciaram uma pesquisa fundamentada na teoria psicanalítica a fim de desenvolver uma teoria e técnica substanciais para o atendimento de casais.

Estava imposto um desafio que há muito já se instalara: compreender e atender os distúrbios conjugais.

Henry Dicks, psiquiatra e psicoterapeuta, iniciou essa empreitada em 1949. Nascido na Rússia em 1900, Dicks era filho de um vice-conselheiro britânico. Sua mãe era de família alemã. Após a Revolução Russa, a família retornou à Inglaterra. Dicks estudou medicina no St. Bartholomew's Hospital e em 1928 ingressou na Clínica Tavistock.

Em 1967, publicou o livro *Marital tensions: clinical studies towards a psychological theory of interaction*, em que mostra o passo a passo de sua investigação. A partir da narração e discussão de 31 casos, Dicks formula os fundamentos da psicanálise de casal, os quais são utilizados até hoje.

Vale a pena uma breve exposição do percurso desse brilhante pesquisador da vida interior do casal. Quem sabe ele possa estimular o espírito investigativo em todos nós, tão necessário neste momento de transfiguração da nossa clínica.

No princípio da pesquisa, Henry Dicks e outro colega realizavam uma entrevista clínica com cada um dos cônjuges separadamente.

Nessa entrevista, buscavam colher informações sobre a família de origem de cada um dos cônjuges, relações com pai, mãe, irmãos e que dificuldades estavam apresentando na vida conjugal.

Após as entrevistas, Dicks e seu colega relatavam um ao outro o que haviam colhido e observado na entrevista, e levantavam hipóteses fundamentadas na teoria psicanalítica.

O primeiro caso relatado é interessante.

O casal foi atendido no Family Welfare em fevereiro de 1949 porque a esposa queixou-se da violência de seu marido.

Ambos foram então entrevistados separadamente.

O marido tinha 34 anos, um homem bonito e elegante, filho único de um casal de judeus. O pai, dono de um pequeno comércio, era um homem ortodoxo, gentil e ineficaz que "não era páreo para a mãe", uma mulher dominadora em casa e na loja. Ele disse que teve de brigar muito com a mãe para manter um pouco de sua infância. Aos 8 anos, foi obrigado a ajudar na loja e deixar de lado os jogos e a natação. Conta que logo desenvolveu uma necessidade fanática de se tornar atlético e forte.

Na adolescência era rebelde e intolerante ao controle imposto pelos pais, chegando a atacá-los. A batalha com a mãe pelo controle da loja continuou até a morte dela, em 1939. É então que diz: "eu a amava". Seu pai sente o baque e morre um ano depois, em 1940. Nesse período, já servindo nas forças armadas, teve dois *breakdowns* seguidos por tratamento psiquiátrico.

Sua mãe havia tentado arranjar-lhe bons casamentos, financeiramente falando, mas ele não aceitou. Após os *breakdowns*, que o afastaram da vida civil, encontrou sua atual mulher, com quem nunca se casou formalmente e teve dois filhos, então com 3 e 2 anos de idade.

A relação com essa mulher vinha sendo, a exemplo da relação com sua mãe, permeada por reações violentas quando ela se opunha a ele. Ele, porém, salientou que a amava e que, por ela, estava empenhado em ser bem-sucedido.

Apresentou-se muito inseguro, patologicamente suspeito da fidelidade de sua mulher e necessitando coagi-la à sua vontade, derrubando-a. Tinha muitas dúvidas em relação à sua potência.

Após a entrevista, um breve sumário foi redigido:

> *[...] o marido apresenta um caráter narcísico, passivo e dependente. Estabeleceu uma relação com uma atrativa e temperamental mãe substituta. Negação da dependência e inadequação sexual, levando a exploração sádica e tentativa de dominação. Identificação masoquista com a mulher. (Dicks, 1967, p. 46, [tradução nossa])*[2]

A mulher foi entrevistada no mesmo dia: tinha 35 anos, era proveniente da classe trabalhadora, loira oxigenada, de origem irlandesa. Temperamental, mas essencialmente direta, mostrando capacidade para calorosos sentimentos, tanto amor como ódio.

Seu pai é quem era o dominante, medíocre, sempre com ciúmes das relações sociais de sua mãe. Sua mãe era uma mulher respeitada, mas bastante paquerada. Era bonita e elegante e gostava dos salões de baile. Quando ela estava com 15 anos de idade sua mãe foi embora de casa, revoltada com a sexualidade do marido.

Ela, por sua vez, casou-se aos 18 anos com um jovem também "fisicamente atrativo", um jogador que a enganava e traía, além de mentir para ela. No entanto, no seu relato evidenciou que ainda o idealizava.

Quando o pegou com uma prostituta, resolveu deixá-lo, levando consigo as duas crianças. Em seguida, o marido foi preso. Ela, então, passou a deixar as crianças na creche e começou a trabalhar. Tempos depois, voltou a morar com ele e teve outra criança. Ele, entretanto, não se emendou, e ela resolveu deixá-lo novamente.

Dessa vez ela se deprimiu.

---

2 Todas as citações retiradas de Dicks (1967) são de tradução nossa.

Permitiu que seus dois filhos mais velhos fossem evacuados (tempos de guerra) e foi morar com o bebê na casa de sua mãe. O bebê teve meningite e morreu, e então ela, desolada pela culpa e pela dor, deixou seu ex-marido levar as duas crianças.

Foi nessa condição que encontrou o seu atual marido, também desolado.

"Eu gostei dele":

> *[...] não parecia estar atrás de sexo, parecia um homem duro, firme e obstinado, eu gosto de homem assim. Ele parecia negligenciado. Comecei a cuidar dele, lavar suas coisas. Havia acabado de perder o meu bebê, então eu comecei a cuidar dele como se fosse o meu bebê. Nós ficamos íntimos, mas me desapontei e comecei a desprezá-lo; ele parecia frio, sem desejo real. Ele estava louco por mim [...] eu gosto de homem dominador. Estava com fome de um homem de verdade. Sou apaixonada e confesso a todos: pensei que ele era espanhol e apaixonado – mas ele era mole e sentimental. Meu pai é do mesmo tipo que eu, melancólico, ciumento. Me senti insultada: o que me falta? Eu não sou desejável? Sim, eu o instiguei, fiz comentários maldosos. (Dicks, 1967, p. 48)*

Contou que ele também perdera um filho do primeiro casamento, que morreu quando estavam se conhecendo. Disse que, naquele momento, ele era "como um anjo", mas que deu as costas a ele e ele procurou outras mulheres.

Desde então ele se tornou violento: "não posso mais amá-lo, agora, ele parece horrível – sujo –, quando está com raiva ele espuma a boca como um lobo. Ele é preguiçoso e quer que tudo seja feito por ele" (Dicks, 1967, p. 49).

Logo após esse contato inicial, foi relatado que o marido havia cometido um violento ataque físico a ela, na presença de sua mãe, e um processo judicial foi aberto. Ela, no entanto, não ofereceu provas contra ele.

A partir desse ponto, Henry Dicks os viu pouco, pois o marido tinha grandes dificuldades em relação ao atendimento e, como é habitual nos distúrbios de caráter, não ficou muito envolvido com nenhuma agência terapêutica.

Nesse momento, em parte por orientação da assistente social, a mulher se separou, deixando as crianças com o marido. Ele estava arrependido e chorava por perdê-la.

Dois anos depois, estavam juntos novamente, em uma unidade psiquiátrica infantil para atendimento à filha, uma menina de 4 anos altamente inteligente e confusa quanto às questões edípicas.

Seis anos depois, o casal estava no centro de orientação para casais, evidentemente ainda juntos. A mulher havia deixado o marido oito ou nove vezes e tentou explicar sua necessidade de retornar a ele porque "ela não consegue obter alojamento". Disse que não o amava e precisava enganá-lo sobre seus sentimentos.

Esse primeiro caso abriu os olhos dos pesquisadores para toda uma gama de elementos da relação conjugal não explicitamente reconhecidos. Até então, compreendia-se que o "paciente perturbado", causava angústia ao parceiro ou parceira, e isso desencadeava o quadro total do distúrbio conjugal.

Levantaram, então, as seguintes hipóteses a respeito do casal em questão:

- possivelmente a gratificação de necessidades mútuas é que levava esse casal a permanecer em um fiel cativeiro, apesar da violência hedionda e negação do amor;

- o casal conheceu e desenvolveu um relacionamento de apoio mútuo quando ambos estavam sozinhos e lamentavam a perda de grandes objetos de amor: para o marido, a perda de seus pais e filho; para a mulher, a perda de seu primeiro marido e filhos;
- cada um deles em uma condição de perda. Cada um oferecendo ao outro uma expectativa de satisfação de suas necessidades;
- ela era uma bela peça para mostrar aos meninos. Ao marido, possivelmente esta mulher prometia o cumprimento de sua identificação masculina defeituosa, resultante da relação internalizada com seus pais;
- ele projetava nela uma mulher que sentia por ele exatamente o que ele queria que sentissem por ele – diferentemente de sua mãe verdadeira, que o mantinha por baixo, como ela fazia com seu pai. A esposa investiu-o com potência. Ele era "como um anjo", enquanto ela era uma donzela em perigo, e ele na posição superior;
- para a mulher, o marido continha a promessa de atender a todas as suas necessidades: uma figura paterna controladora e protetora que a respeitasse e não a menosprezasse sexualmente. Ele deveria ser o apaixonado amante romântico que poderia, ao mesmo tempo, permitir que ela expressasse suas tendências maternais e sua estima por ele;
- para ela, o marido valorizava os aspectos glamorosos de sua feminilidade herdados de sua mãe e que seu pai tanto condenava.

Nesse primeiro caso do estudo piloto, Henry Dicks começa a compreender:

> *Que a relação conjugal colabora com oportunidades para "se vingar" daquela facção nunca resolvida derivada de simbioses sadomasoquistas, e como os investimentos ambivalentes de antigos objetos de amor se transpõem para a relação conjugal atual. A relação servindo para a expressão de necessidades imaturas. (Dicks, 1967, p. 50)*

Ao longo da pesquisa, Henry Dicks decide entrevistar os casais conjuntamente.

Desejava observar o que o casal estava fazendo um ao outro e iniciou uma série de atendimentos com o casal.

A partir daí, introduziu as bases da psicoterapia de casal.

O casal é a unidade da terapia, isto é, o casal é o objeto psicanalítico a ser investigado e tratado.

As queixas dos casais investigados eram diversas e não diferentes das que se apresentam hoje em nossos consultórios:

- violência;
- brigas intermináveis e insolúveis;
- insatisfação sexual;
- ejaculação precoce/frigidez;
- problemas com enteados e com o ex-marido/mulher;
- casais que não tinham relação sexual há anos;
- casais que coabitavam e que queriam se separar logo após terem legalizado o casamento.

Desse momento em diante, fundamentam-se as bases teóricas da psicanálise de casal:

- sistema colusivo;
- complementaridades inconscientes;

- dinâmicas de idealização;
- mundo interno compartilhado; e
- quebra da mútua idealização.

As investigações de Henry Dicks expõem o subsolo da construção da relação conjugal, revelando motivações inconscientes e desapontamentos conscientes que abrem caminho para severos distúrbios.

Articulando pesquisas focadas em casos com o pensamento psicanalítico, Dicks oferece um quadro clínico conciso do entrelaçamento inconsciente de duas pessoas. Faz isso com maestria, descrevendo muitas situações de casais que manifestam um mundo de representações psíquicas que parecem mantê-los unidos, mas que impedem seu crescimento e desenvolvimento.

A título de ilustração, apresento recortes de duas experiências clínicas.

Um casal de 40 e poucos anos. Conheceram-se, e isso relataram com um sorriso maroto, quando ela estava na faculdade. Era final de ano e ela precisava ir bem na prova de cálculo. Ela resolveu então procurar um professor particular. Um amigo colocou-a em contato com um matemático recém-formado que ganhava um dinheiro extra com aulas particulares.

Encontraram-se. De imediato ela deu a ele todas as suas anotações e disse: "Está tudo aí, não posso repetir o ano". Em uma semana não seria possível rever a matéria do ano todo. Tiveram uma ideia: ele faria a prova por ela.

Apostaram que, em meio a tantos alunos numa mesma sala, ninguém notaria que ele não frequentava o curso. Dito e feito. Mas surgiu um problema, contou o marido num misto de culpa e constrangimento: "não consegui evitar que ela fizesse o exame final, tirei a nota mínima".

Conheceram-se com ela dizendo: "aqui estão as minhas anotações, não posso repetir o ano", ou seja, ela colocou nas mãos dele a possibilidade de seu próprio sucesso.

Ele, um matemático, que provavelmente conhecia cálculo muito bem, se fez passar por ela, porém não evitou de todo o fracasso, e garantiu apenas a nota mínima.

Ambos são atraídos por uma relação que se inicia mediante uma impostura, um embuste, e apostando que não seriam desmascarados.

Assim tudo começou, ele tomando o lugar dela para que ela não tivesse que repetir uma experiência que, de fato, não havia sido aprendida.

Um artifício poderoso que revela e dá forma à idealização e à onipotência.

Alguém que se faz passar por outro podia fazer com que o "sucesso" ocorresse de forma indolor e sem esforço.

Um investimento na indiferenciação. Uma aposta que, em meio a tantos alunos, em meio a tantos aspectos indiscriminados do eu, a confusão não viria à tona, a verdade (quem é quem) não seria denunciada.

Assim eles se encontraram e continuaram.

Depois de alguns anos juntos, a mulher se envolveu num acidente de trânsito. Assustada, telefonou ao marido, que resolveu declarar ser ele quem estava dirigindo o carro no momento do acidente.

Ele respondeu pelo processo judicial, evitando que a mulher assumisse a responsabilidade pelo ocorrido.

Após seis anos de casamento, ele "reinava" no lar e provia o sustento: cuidava da casa, levava os filhos para a escola, cuidava dos carros, das finanças e ganhava o maior salário.

A dois, o casal instituiu uma relação cujas regras giravam em torno da negação e recusa de perdas e limites. Uma fantasia reencontrada no outro e compartilhada.

No entanto, o que num primeiro momento serviu de força de atração e deu forma e sustentação ao encontro tornou-se um pesadelo, um incômodo, um intenso ponto de discórdia.

O fascínio por uma impostura que os livrou do fracasso e garantiu a nota mínima acabou por prendê-los num pequeno circuito no interior da relação, que funcionava como um organizador. Continha um conjunto de ações e expectativas que serviam de demarcação interpessoal e determinava o que podia e o que não podia acontecer naquela relação.

Ele representava um ser poderoso que fazia as "provas" por ela e assumia responsabilidades que seriam dela.

E ela? Uma mulher de mais de 40 anos e, no entanto, quando falava do marido, dos filhos e do casamento, parecia que ia se desmanchar, derreter, virar pó. A voz saía enfraquecida, os lábios tremiam.

Foi ficando mais evidente no decorrer dos nossos encontros que a impostura que os atraiu, em um primeiro momento, favoreceu uma não aprendizagem, para ambos, em relação a ser homem, mulher, marido, esposa.

A relação garantia dia após dia a repetição de uma cena que não conseguiam elaborar: a mulher frágil e insegura camuflada pelo homem onipotente e onisciente. O bebê insuficiente sustentado por uma mãe dadivosa. O adulto vulnerável unido a um Deus todo-poderoso.

Um casamento que no decorrer dos anos gerou, inevitavelmente, muitas brigas cada vez que tentavam alterar o sistema colusivo vigente. Quando um tentava quebrar o pacto inicial, o outro impedia vigorosamente essa iniciativa, e vice-versa.

Numa sessão, o marido arrisca abandonar o papel daquele que livra a mulher de complicações. Fala de suas inseguranças, dúvidas, medos. A mulher parece não gostar disso. Assinala que ele era um homem inteligente, que bastava querer para conseguir tudo que desejava. Ela insiste que ele não poderia ficar tão impotente diante da vida. Parecia não querer saber dos problemas dele, de suas angústias. Afinal, ele estava lá para oferecer soluções, e não para criar dificuldades!

O marido insiste em expor suas dúvidas, suas aflições como pai, marido, chefe de família, mas a mulher já não o ouve mais. Está distante, brincando com uma mecha de cabelo. Quando ele retorna à posição do "sábio", reencontram-se.

Numa outra sessão, contam que ela resolveu iniciar um pequeno negócio, mas que, desde então, vem passando mal, com vômitos, dor de cabeça, insônia, inapetência.

Ela põe suas ideias na mesa e pede a ele que faça alguma coisa, quer uma solução.

O que os encantou num primeiro momento os atrai como um ímã.

***

Lembro-me de um casal que buscou ajuda para decidirem se iriam continuar juntos ou se separar.

Relataram que estavam casados havia 20 anos. Progrediram financeiramente e tinham duas filhas adolescentes.

Nunca haviam brigado, alterado a voz um com o outro.

Tudo corria normalmente, até a mulher arranjar um amante.

Ela insistia que o divórcio era a melhor solução. Ele estava convicto de que se permanecessem juntos seriam capazes de atravessar a crise e tudo voltaria à normalidade.

Queriam insistentemente que a terapeuta se posicionasse, dissesse o que seria melhor para eles.

Para esse casal, tanto manter o casamento como o divórcio era vivido como atos em si que os livraria da angústia e da frustração. Tudo se resolveria com um "continuar juntos" ou o "divórcio".

Um dia a esposa, bastante incisiva, perguntou à terapeuta: "você não acha que se eu me divorciar eu ajudaria minhas filhas nessa tão famosa simbiose? Li outro dia o livro *Minha mãe eu mesma* e ficou claro para mim que se eu me separar vou ajudar minhas filhas nesse processo".

A esposa prendeu o olhar na terapeuta, queria uma resposta imediata.

Momento tenso.

A resposta não veio.

Após o silêncio, a esposa contou que era a filha mais velha e que, quando tinha 13 anos, a mãe engravidou e delegou a ela cuidar do pai, da casa, das refeições.

Ficou muito íntima de seu pai e chegaram a trocar carícias físicas. Teve medo, sentiu asco, ódio.

Teve alguns namorados que foram fortemente rechaçados pela mãe, até conhecer este que é o seu marido.

A mãe gostou dele, um homem de família católica cuja norma era não manter relações sexuais antes do casamento.

Assim começaram e assim continuaram.

O marido passa a exercer a função de um pai respeitoso que ela não pôde experimentar.

Para o marido, inseguro sobre a própria sexualidade, esse casamento alimentava o recalque e o colocava cada vez mais apegado à religião. Existia um Deus fora dele que demarcava o comportamento.

A mulher arruma um amante: ela é a pecadora, ela traiu o contrato inicial. Ele não, ele era o guardião da normalidade do casal. O homem religioso e correto.

Numa sessão, eles relatam que a mãe havia se desprendido da família e era a filha mais velha que estava cuidando da casa e do pai.

Salta aos olhos a repetição.

Um dia, após muitas sessões em que discutiam sem solução se continuariam juntos ou separados, chegam dizendo que estavam aliviados.

Haviam sentado juntos, marido, esposa e amante, e, após uma longa conversa, decidiram que ela alugaria uma casa vizinha à deles.

Durante o dia ela ficaria em casa cuidando das filhas; à noite iria para a casa vizinha, onde dormiria com o amante.

Encerro aqui este relato e deixo para vocês completarem essa história conjugal.

***

O pacto inconsciente estabelecido logo de início é o primeiro organizador da relação conjugal e define as rotas de sustentação de um estado representado pelo desejo de negar o desamparo e evitar o reconhecimento da castração.

A quebra do pacto inconsciente é inevitável. No entanto, os casais com questões narcísicas e edípicas pouco elaboradas vivenciarão de forma catastrófica a angústia transbordante proveniente dessa fratura.

No processo analítico, observamos e trabalhamos as complementaridades inconscientes, a dinâmica de idealização, assim como a violência proveniente da quebra do pacto inconsciente inicial.

***

Após ter conceituado as bases teóricas, Henry Dicks iniciou uma investigação sobre a técnica.

Como resultado, temos que a teoria da técnica desenvolvida nesses anos após a Segunda Guerra Mundial fundamenta até hoje a psicanálise de casal.

O tratamento ocorre em várias sessões e é realizado com o casal na sala de análise, com metodologia fundamentada nos parâmetros psicanalíticos habituais: abstinência do analista, livre associação de ideias, atenção flutuante do analista, o fenômeno inconsciente, transferência e contratransferência e interpretação.

A passagem do vértice de psicanálise individual para a de casal implica uma escuta específica. Se na análise individual o conflito intrapsíquico encarnado na transferência constitui o foco do analista, é a dinâmica interpsíquica e intersubjetiva que rege o intercâmbio entre o casal que se torna o centro de interesse.

Os relatos dos cônjuges serão escutados em termos de um discurso único, isto é, como expressão de uma fantasia inconsciente compartilhada. Cada relato estimula associações no outro, formando uma *cadeia associativa conjugal* e permitindo ao analista uma compreensão dos mecanismos, funções e raízes dos distúrbios atuais e da estrutura inconsciente do casal.

O analista procurará se manter dentro de uma conduta de abstinência, evitando ser diretivo, fornecer conselhos, sugestões ou clarificações racionais, para favorecer a associação livre.

Cabe ao analista sustentar o *setting* para que ocorra a emergência da dinâmica inconsciente do casal, seu funcionamento e mecanismos de defesa.

O elemento fundamental para um bem-sucedido trabalho com o casal baseia-se na mente do analista, no reconhecimento contínuo do seu próprio estado mental, fruto da corrente transferencial-contratransferencial.

Quanto mais o casal apresenta-se incapaz de viver e elaborar as limitações, privações, sofrimento, morte e luto, mais se instalarão defesas radicais à mercê de pactos inconscientes rígidos que impedem seu crescimento e desenvolvimento.

Gradativamente, e com idas e vindas, a interpretação das ansiedades primitivas e do emaranhado de mecanismos que têm por efeito evitar o contato com a realidade dolorosa pode propiciar o desenvolvimento de um trabalho vincular.

O trabalho vincular na psicanálise de casal visa a criar espaço para dois sujeitos, ampliando ou mesmo criando um espaço psíquico que inclua outras possibilidades de interpretação do sujeito em suas relações. Propicia colocar em jogo a própria identidade, na medida em que se é capaz de aceitar as significações provenientes de um outro real, gerador contínuo de subjetividade.

Espero que o breve relato do fenomenal espírito investigativo de Henry Dicks e os conceitos teóricos e técnicos que fundamentam até hoje a psicanálise de casal sirvam de estímulo para este momento.

O que a experiência com casais em confinamento e em atendimento on-line pode nos revelar?

Estarem juntos, e muitos deles em total confinamento, torna as alianças inconscientes, até então acobertadas pela rotina fora de casa, mais evidentes?

Estamos aptos a sustentar a técnica e a trabalhar on-line com o que está aparecendo?

Com atitude investigativa, tempos depois de termos mergulhado em muitos atendimentos remotos, conceituações importantes podem, quem sabe, ocorrer.

Referências

Dicks, H. (1967). *Marital tensions: clinical studies towards a psychological theory of interaction*. Routledge & Kegan Paul.

Lamanno-Adamo, V. (1993). *Repetição e transformação na vida conjugal: a psicoterapia do casal*. Summus Editorial.

13. Família e refúgio psíquico[1]

No modelo de desenvolvimento do psiquismo proposto por Bion, a mente terá que desenvolver a função de transformar as experiências sensorial e emocional em símbolos que podem ser utilizados para sonhar. A partir desse processo de sonhar, que é o alicerce do pensamento e da formação de ideias, todas as transformações daí derivadas passam por níveis cada vez mais abstratos de generalização de ideias que transformam a linguagem dos sonhos em outras formas simbólicas, linguagem verbal, linguagem musical etc. (Meltzer, 1989). No entanto, essa não é uma função que a mente exerce espontaneamente, é uma função que se desenvolve num contexto relacional, com combinações peculiares de vínculos de amor, ódio e desejo de conhecimento.

Portanto, no modelo de Bion a constituição de um espaço psíquico com capacidade para amar, odiar, sonhar e aprender com a experiência ocorre a partir do mental disponível do outro. Esse outro (mãe, pai, irmãos, avós etc.) constitui uma microcultura ambiental

1 Texto publicado na *Revista Ide*, 36, 2002.

que pode sustentar, dar corpo e fazer crescer modalidades mentais receptoras/transformadoras/criativas (Ferro, 2000), na medida em que privilegia o reconhecimento da experiência de se ter uma mente, tornando disponíveis as funções de *rêverie*, de fantasia, de sonho.

No presente texto, considero dinâmicas relacionais que apresentam uma inversão nesse funcionamento. Teço considerações sobre aquelas famílias cujas redes vinculares impedem a aprendizagem mediante combinações de vínculos de amor, ódio e desejo de conhecimento, à custa de uma inversão do fluxo normal da identificação projetiva e do permanente assassinato das possibilidades de desenvolvimento da mente. Nessas famílias, a identificação projetiva deixa de funcionar como um meio de aprendizagem do mundo interno (Caper, 1996) e passa a ser utilizada, em fantasia, como uma forma de transformar o objeto naquilo que se projetou nele, uma forma de engolfá-lo, possuí-lo, controlá-lo.

A projeção é sentida como tão dominante do objeto que o torna, literalmente, indistinguível da projeção. Resulta daí a constituição de uma complexa organização de inter-relacionamentos que têm por efeito oferecer proteção contra a perseguição e a culpa. Separar-se dos objetos, lamentar sua perda, retirar deles as projeções, torna-se uma tarefa quase totalmente impossível de se realizar, já que os objetos não operam de forma autônoma, pois são experimentados como inextricavelmente ligados uns aos outros e ao *self*.

Cada membro da família sente-se prisioneiro dessa organização onipotente, da qual não há escapatória e da qual dependem para a contenção de uma ansiedade extrema. Cada um recebe um tipo de gratificação perversa e, em troca, solidifica a organização e apoia sua estrutura imóvel.

Caper (1996), expandindo o conceito de identificação projetiva, propõe que por mecanismo evocamos estados mentais na mente do receptor das projeções, para descobrir a mente do objeto externo e também a própria mente. Uma forma de aprender, dispondo dos conteúdos mentais inconscientes, de forma experimental. Uma forma de testar o objeto externo para ver como ele é, como sua mente funciona, como reage frente a determinadas verdades e sentimentos. Ao externalizar nosso mundo interno, podemos também, dessa forma, percebê-lo e reconhecê-lo.

A questão que se coloca, segundo Caper (1996, p. 131), é: "o que acontecerá se eu fizer isso a ele? Se eu fizer com que ele sinta o que eu sinto, o que fará? Ele irá explodir? O que eu estou projetando é explosivo? Ele achará agradável, aborrecido, incompreensível?".

A resposta do receptor informa o projetor a respeito de sua projeção, sobre um aspecto de sua realidade interna. Adicionada a algum senso de diferenciação entre realidade externa e interna, a resposta do receptor vai levando o projetor a tomar contato com a própria mente e com a mente do outro.

É, portanto, a partir da possibilidade de testar, contrapor, confrontar as realidades interna e externa – via identificação projetiva e introjetiva – que se institui um campo mental capaz de submeter as experiências emocional e sensorial a algum tipo de "trabalho de ligação", para que se transformem em símbolos que evitam o imediatismo da descarga, criando assim o domínio do simbólico. Essas operações são sustentadas na capacidade de função alfa e *rêverie* do receptor das projeções (Bion, 1962). Funções sucessivas serão a capacidade do projetor de tolerar frustração e sua capacidade de luto.

Se esse processo falhar, então estaremos diante de uma inversão do fluxo normal das identificações projetivas, da *rêverie*, da função alfa. O resultado disso pode ser a transformação das fantasias inconscientes onipotentes em ideias delirantes ou um sistema delirante inconsciente – criações mentais incapazes de serem afetadas pelos efeitos do aprendizado pela experiência, pois, nesse caso, a identificação projetiva deixa de ter um caráter experimental e passa a funcionar como um mecanismo que confirma o delírio, tornando o aprendizado impossível.

Nas famílias nas quais isso ocorre, o que se pode observar é uma rede vincular em que cada um dos membros projeta no objeto externo um ou mais de seus objetos internos e passa a senti-lo, inconscientemente, como a parte de si mesmo que ele projetou. As projeções transformam o objeto externo no que Stratchey (1934/1969) chamou de *objeto externo de fantasia*, isto é, um objeto que é experimentado como uma réplica, uma versão externa de um objeto interno – o objeto externo equivalendo e tendo as mesmas experiências que o objeto interno.

Essa dinâmica vincular marcada por indiscriminação entre realidade interna e realidade externa pode tomar diferentes gradações. Pode ser uma forma temporária de funcionamento da família, uma forma de funcionarem frente a uma crise momentânea, ou então a manifestação de um sistema de defesa grupal, rigidamente mantido, que opera aos moldes de um refúgio psíquico (Steiner, 1993/1997). Uma complexa rede de interações que mantém os membros da família estagnados, isolados e fora de alcance.

Nesse caso, a família deixa de ser o lugar privilegiado do desenvolvimento de modalidades mentais receptoras / transformadoras / criativas e passa a representar, inconscientemente e para cada um dos membros, uma versão interpessoal do refúgio: um lugar imaginário que os livra, em fantasia, do sofrimento, da ansiedade e da culpa.

Mediante uma complexa malha de identificações projetivas cruzadas e à custa de uma rígida cisão dos aspectos fragmentados da personalidade, cada objeto externo passa a conter, numa espécie de delírio conjunto, as partes escindidas do *self* do outro, e todos unidos para o fortalecimento de um funcionamento grupal que pretende ser absolutamente eficaz na evitação das tarefas de elaboração da angústia e do luto. Uma organização rígida, fechada em si mesma, na maioria das vezes com um membro psicótico; uma família que vive surda, se evadindo do mundo externo e negando suas contradições íntimas.

Uma experiência clínica

Posso ilustrar esse mecanismo com uma família composta de um casal de meia-idade e quatro filhos, respectivamente com 30, 27, 25 e 18 anos de idade. Buscaram tratamento após uma breve internação do filho mais novo devido a um surto psicótico. Esse filho havia sido encaminhado para análise individual, mas, após algumas sessões, ele se recusou a continuar o tratamento. O psiquiatra achou então por bem encaminhá-los para um atendimento familiar.

Todos os filhos moravam com os pais. A filha mais velha havia morado por algum tempo com o namorado – segundo ela, um homem violento, imprevisível e usuário de drogas. Por causa disso, tinham uma relação instável e com muitas brigas, o que a levou a terminar o relacionamento e voltar para a casa dos pais. Contou ter iniciado análise várias vezes, sem conseguir levar nenhuma delas adiante.

O filho de 27 anos havia se casado e tinha uma filha, mas, após o divórcio, resolveu também voltar para a casa dos pais. A filha de 25 anos era casada e tinha duas filhas, mas, como seu marido ganhava um salário irrisório e não conseguia sustentar a própria família, viviam também ao redor dos pais.

O filho mais novo, desde pequeno, apresentava problemas na escola. Repetiu várias vezes a mesma série e foi expulso de alguns colégios. Resolveu parar de estudar e trabalhar na empresa do pai, mas isso não durou mais que alguns meses. Todos os filhos e também o genro trabalharam em algum momento na empresa do pai. Todos desistiram após alguns meses.

Os pais, segundo relataram, eram provenientes de famílias pobres, e tudo o que haviam conseguido tinha sido à custa de esforços próprios. Diziam que com muito trabalho e muita luta tinham conseguido vencer, e não conseguiam entender por que os filhos não seguiam esse exemplo.

Compareciam às sessões somente o casal, a filha mais velha e o filho mais novo; os filhos do meio nunca vieram à terapia.

Desejo descrever com algum detalhe como essa família se utilizava da cisão e da identificação projetiva de modo inflexível e irreversível, levando-os a perder contato com os aspectos da personalidade que alojavam nos objetos externos com os quais se tornavam identificados. Os depositários das projeções, quer fosse devido ao que preexistia neles, quer fosse a partir das criações do projetor, eram usados com objetivos especificamente defensivos, e todos se empenhavam na manutenção desse sistema colusivo defensivo.

As sessões habitualmente eram iniciadas pelo pai, com sua indignação frente à imaturidade dos filhos. Dizia que eles eram um "bando de preguiçosos" e que não conseguia entender por que eles não enfrentavam as dificuldades como ele tinha um dia enfrentado, e em condições muito piores. Em seguida, descrevia com pormenores toda sua trajetória de *office-boy* a dono de uma empresa bem-sucedida. Não deixava de enfatizar, nesses momentos, o quanto sua esposa sempre esteve ao seu lado, durante esse árduo percurso.

Frente a essa narrativa do pai, a filha mais velha dizia que se sentia enfraquecida, que tinha a impressão de que nunca conseguiria arranjar um bom emprego e se sustentar. Solidário à fala da irmã, o filho mais novo salientava, nessas ocasiões, que ele também não se sentia capaz de sair da "fortaleza", referindo-se à casa onde moravam: uma mansão numa chácara distante da cidade, protegida por seguranças e muros altíssimos.

A manifestação explícita de suas dificuldades deixava o pai ainda mais indignado, estimulando-o a narrar, com o auxílio da esposa, todas as suas façanhas, estratégias, tudo o que havia passado para conseguir o que tinha. Conforme o casal se colocava como modelo de sucesso, eu percebia os filhos cada vez mais calados, cabisbaixos, inertes.

Por um lado, um casal imbatível, todo-poderoso, e, por outro, filhos impotentes, fracos, frágeis. Quanto mais o casal mostrava sua fenomenal força e astúcia, mais os filhos apresentavam-se incapazes e impotentes.

Por meio do manejo rígido da cisão e da identificação projetiva, os pais eram os representantes, a matéria bruta do objeto onipotente e onisciente, enquanto os filhos personalizavam, de forma aberrante, o objeto impotente, lento, desvitalizado, incapaz. Os pais, numa desvalorização triunfante, projetavam nos filhos o que persistia de infantil e sexualmente conflitivo neles próprios: a carência, a privação, a pobreza de recursos.

Nessa organização delirante e perene, quanto mais os filhos manifestavam seus conflitos e dificuldades, mais eram representados, pelos pais, como incompetentes, e quanto mais os pais expunham a introjeção de uma aberrante onipotência, mais os filhos os representavam como figuras todo-poderosas.

O preço que pagavam por essa rede de representação unificada era uma versão distorcida e deformada da potência/impotência, da fragilidade/força, do sucesso/fracasso, da competência/incompetência. O rígido manuseio da cisão fazia com que cada conteúdo não se remetesse a outro, pois não havia conexão possível entre eles. Assim, garantiam a ilusão de uma representação total e unificante de si mesmos; tudo o mais de si que não cabia nessa definição era colocado na periferia, fora de alcance, isentando-os de qualquer confronto perturbador consigo próprios.

Os filhos, às vezes, arriscavam falar um pouco mais de suas dificuldades: "tenho medo de não ser capaz de arranjar um emprego..., é como se estivesse mutilada..., gostaria de trabalhar com meu pai, mas tenho medo de cometer erros na frente dele".

O pai, nessas ocasiões, rapidamente se punha a contar tudo o que havia feito para sobreviver quando tinha a idade deles. A mãe silenciosa endossava a postura do marido. Encarnando o objeto onipotente e onisciente, os pais mantinham-se hipersensíveis a qualquer crítica ou questionamento dos filhos e pouco capazes de perceber a regressão em seus filhos e o estado infeliz em que se encontravam.

Por sua vez, quando os pais demonstravam, na sessão, algum sinal de fraqueza ou sofrimento, os filhos assinalavam em uníssono o quanto eles eram capazes e bem-sucedidos: "o problema somos nós", diziam, "nossa irresponsabilidade, nossa falta de garra". Para reduzir a multiplicidade à unidade, cada um se sacrificava em prol da manutenção do sistema colusivo defensivo.

Em uma sessão, a mãe falou de sua preocupação com a filha que não vinha à terapia. Pontuou as sérias dificuldades que essa filha estava enfrentando. Estava apresentando crises de pânico e só se acalmava quando a mãe se sentava ao seu lado, segurando sua mão por longos períodos.

Frente a esse relato, o pai pôs-se a descrever com minúcias como era a casa em que moravam. Não conseguia compreender como a filha poderia ficar com medo dentro de uma casa com segurança 24 horas por dia. Em seguida, o casal falou dos sacrifícios que tiveram que fazer para construir aquela "fortaleza", e o quanto lhes custava mantê-la. A mãe descreveu com pormenores todos os problemas que tinha com seus vários empregados para a manutenção do jardim etc. etc. Contou como, naquela manhã, tinha tido sérios problemas com uma empregada que não fazia a limpeza direito. Todos então se engajaram numa animada conversa ao redor de dispensar ou não dispensar a empregada incompetente.

Comuniquei-lhes, nessa ocasião, que estavam com vontade de dispensar os meus serviços. Esperavam de mim uma boa limpeza geral de seus problemas e a manutenção da fortaleza, para que se sentissem livres de qualquer "sujeira", sem medo, sem dor. Deviam estar decepcionados, já que o que eu poderia oferecer a eles era a busca de uma compreensão nova sobre os grandes incômodos que viviam, o pânico, a aflição, a dor.

Permaneceram em silêncio por alguns minutos. A mãe retomou a conversa acentuando sua preocupação com a filha. Falou das longas horas ao seu lado, tentando acalmá-la. O pai imediatamente a criticou por isso. Enfatizou que por causa dos seus mimos exagerados os filhos estavam assim tão preguiçosos. Ela retrucou, queixando-se da ausência dele, dos inúmeros finais de semana que ficava sozinha com os filhos.

Nesse momento, irrompeu na sala um longo e pesado silêncio. Em seguida, o pai disse: "se é para eu sair do trabalho e vir à terapia para ouvir essas besteiras, eu não venho mais". A mãe salientou que não eram "besteiras", que precisavam conversar sobre essas coisas. Com olhar colérico, ele ameaçou abandoná-la, aos filhos, à família. Seguiu-se daí uma longa e ameaçadora pausa. Foi o filho, dessa vez, que "quebrou" o silêncio, dizendo de sua vontade de trabalhar na empresa do pai. A irmã passou então a narrar sua experiência com um dos funcionários do pai, um sujeito meio abobalhado, confuso, um trapalhão. Cada um deles se pôs a contar, de forma jocosa, algum episódio engraçado que havia tido com esse funcionário.

Frente ao temor à separação, ao terror do contato com os aspectos regressivos de suas personalidades, essa família, qual uma gangue de mafiosos, organizava uma rede vincular que tinha como função reduzir a atividade de pensar ao estrito mínimo vital. À mercê de jogo de sedução, troca de favores, chantagens e boicotes, os membros se uniam, tal qual uma gangue de mafiosos, num pacto perverso de evitação do reconhecimento da dor mental, cada um se sacrificando para manter a família/refúgio, para perpetuar o lugar ilusoriamente seguro que garantia a proteção contra a perseguição e a culpa.

O medo inconsciente de desafiar tal organização fazia com que cada um endossasse continuamente as operações que mantinham o refúgio, pois perdê-lo originava uma ansiedade extrema. Tocar em um elo da organização era o mesmo que ameaçar e atingir toda a organização.

Os filhos que nunca compareceram à terapia representavam uma versão externalizada do objeto interno que recusava tenazmente tocar no refúgio, personificavam o objeto interno que alimentava as táticas que mantinham a organização intacta e intocável. É assim também que entendo a recusa do filho em fazer análise individual e as tentativas infrutíferas da filha de levar adiante esse tipo de trabalho.

As famílias que funcionam de forma a promover uma versão interpessoal de um refúgio psíquico contribuem de forma significativa para o desenvolvimento de distúrbios psíquicos severos: droga adição, psicose, tentativas de suicídio, somatizações graves, constituindo-se na grande maioria das famílias que são encaminhadas para terapia. São famílias mergulhadas no caos, na impossibilidade de pensar, empenhadas na manutenção da organização defensiva vigente. Resulta daí que utilizam todos os tipos de chantagens e boicotes em relação ao tratamento individual de seus membros. A terapia familiar muitas vezes é a via de acesso possível aos seus conflitos, contradições e sofrimentos, já que, ao menos no início, se constitui num tratamento menos ameaçador à ruptura do refúgio.

Devido à falência que experimentam ao ter que se separar dos objetos externos de fantasia, não fica difícil reconhecer a dificuldade que o psicoterapeuta enfrenta com essas famílias. Steiner (1993/1997) enfatizou o enorme poder de resistência à mudança que revelam os pacientes que sobrevivem à custa de um refúgio psíquico. A reversibilidade se estabelece por meio de um trabalho analítico bem-sucedido em relação à elaboração da angústia e do luto.

Uma terapia familiar não tem essa pretensão. Transformar o refúgio em um continente gerador de múltiplas e infindas significações exige um trabalho analítico de fôlego. No entanto, a minha experiência tem me levado a considerar que com essas famílias com sujeitos passivos, demandantes e vazios de desejo, é possível esperar que consigam, mediante o discurso de significação oferecido pelo terapeuta, um "balbucio do desejo", um esboço de responsabilidade por si mesmos e de reconhecimento da alteridade. Essas conquistas, mesmo que incipientes, podem se tornar um estímulo favorável à busca de um tratamento individual.

Em relação à família aqui descrita, após mais ou menos um ano de terapia, o filho iniciou análise e seis meses depois a mãe começou psicoterapia. Alguns meses após o término da terapia, a filha me procurou solicitando que eu a ajudasse a encontrar um "bom analista". Tempos depois ela me informou que, dessa vez, parecia que ia conseguir levar sua análise adiante.

Implicações técnicas

Na análise individual o paciente fala do outro, e sua fala é considerada realização de suas relações objetais intrapsíquicas. Numa terapia familiar observamos e investigamos a vida interpsíquica. A possibilidade de estarem todos juntos, sendo, ao mesmo tempo, testemunhas e participantes do relato de cada um, introduz um campo propício para o conhecimento de modos de funcionamento que têm por efeito fazer com que o objeto externo seja equivalente e tenha as mesmas experiências que o objeto interno. Esse tipo de terapia privilegia o trabalho dos espaços de superposição do intrapsíquico com o interpessoal, estando as interpretações alicerçadas nesse campo de investigação.

É comum, no início do tratamento, o terapeuta familiar ser confrontado com a solicitação de orientações sobre como devem lidar com o membro sintomático. Mostram resistência em reconhecer que o sintoma do paciente identificado entranha um sentido, tem articulações com a situação conflitiva que estão vivendo. Quando estamos trabalhando com famílias que desenvolveram uma rede vincular que manifesta e, ao mesmo tempo, sustenta uma organização defensiva rigidamente mantida, porém, o terapeuta se verá, constantemente, às voltas com jogos de sedução, boicotes, engodos, ameaças, chantagens, manipulação.

Essas famílias tendem a se mostrar altamente resistentes a reconhecer que os sintomas apresentados por um ou mais de seus membros envolve cada um deles e a família como um todo. Solicitam soluções rápidas, regras de conduta, ameaçando interromper o tratamento caso não obtenham melhoras visíveis e objetivas. Pressionam e manipulam o terapeuta de diversas maneiras para uma ação.

Todas essas táticas convergem para tentativas de manter a organização familiar/refúgio intacto e intocável. Tenho percebido com essas famílias a importância em focalizar minha observação e investigação no método de comunicação que utilizam, o uso que fazem dessa comunicação e, em especial, como reagem às minhas interpretações e que uso fazem dela. Mais do que me concentrar no que dizem, é necessário observar e interpretar a forma como estão utilizando a terapia.

Para tanto, é imprescindível que o terapeuta esteja em constante contato com o que está acontecendo na sessão, observando se sua interpretação está sendo capaz de alcançá-los, ou se está muito distante do que está ocorrendo entre eles naquele momento.

A investigação do fluxo transferencial/contratransferencial diz respeito, no trabalho com essas famílias/refúgio, a uma observação aguçada das diferentes formas como o terapeuta pode estar sendo arrastado para dentro do refúgio, mediante, por exemplo, a estruturação de um pseudotrabalho que, em vez de mobilizá-los a sair do refúgio, reforça ainda mais a crença em sua existência.

Trabalhar com essas famílias é um projeto pretensioso. Ao promoverem contínuo naufrágio às funções de *rêverie*, de fantasia, de sonho, até levar a uma ação desesperada, mutiladora, automutilante, exigem do terapeuta capacidade aguçada de observação, investigação e permanente reflexão questionadora sobre o que, de fato, está oferecendo à família.

Não raro, as interpretações do terapeuta são sentidas como intrusivas, ameaçando o lugar da família no refúgio, pois temem que, se o grupo deixar de se constituir dessa forma, terão de enfrentar a desintegração persecutória ou uma dor depressiva aniquilante. Caso o terapeuta insista na sua tarefa de ajudar a família a alcançar *insight*, pode ocorrer uma retirada ainda mais maciça para o refúgio, criando assim um impasse de difícil negociação. Por outro lado, se o terapeuta adota uma postura por demais complacente, a família pode sentir que ele sucumbiu ao sistema defensivo e passar a vê-lo como um derrotado.

Numa sessão com a família anteriormente descrita, a filha contou o estado emocional em que se encontrava o irmão um pouco antes dele ser internado. Os pais estavam viajando e ela estava sozinha com ele. Percebeu que ele estava muito agitado, falando sem parar, não estava se alimentando e nem dormindo. Tentou conversar com o irmão, mas ele não conseguia sequer parar para ouvi-la. Numa tarde, ele pegou o carro e, assim que saiu de casa, chocou-se com violência contra uma árvore. Nesse momento, o filho passou a narrar com alguns detalhes como ele estava se sentindo naquela ocasião: "eu estava atormentado, só me restava morrer".

Após uma breve pausa, iniciaram uma calorosa discussão a respeito do carro que o filho estava dirigindo quando do acidente, como ele havia sido comprado, os aborrecimentos com a companhia de seguro para consertá-lo. O filho aproveitou a ocasião para reivindicar um carro mais novo, e os pais, então, desfilaram uma lista de comportamentos e atitudes que ele deveria ter (voltar a estudar, trabalhar, acordar cedo, arrumar o quarto etc.) para merecer um carro melhor.

O desenrolar da sessão provocou, em mim, atordoamento e desnorteamento. Consegui, com muito esforço, recuperar alguma capacidade de reflexão, podendo então considerar que, se eu tentasse comunicar a eles o que haviam sentido frente ao desespero do garoto, poderiam sentir a minha fala como falta de continência, o terapeuta enfiando de volta e à força os conteúdos insuportáveis da personalidade de cada um. Por outro lado, permanecer passiva diante do que apresentaram poderia ser recebido como um envolvimento desonesto do terapeuta com a organização perversa do grupo.

Face à delicada situação, optei por comunicar-lhes que havia causado um enorme constrangimento em todos eu ficar sabendo que naquela família uma pessoa, um dia, tinha tido muita vontade de se matar.

Ficaram em silêncio por longos minutos. A filha, então, disse que havia muito tempo queria falar, ali, sobre as dificuldades do seu irmão, sobre o seu medo de que ele piorasse de vez. Mas tinha muito medo de que isso fosse deixar seus pais muito furiosos. Talvez seus pais fiquem furiosos, eu assinalei, quando perdem o lugar de pais que se sentem capazes de fazer seus filhos crescerem felizes e bem-sucedidos.

A partir desse momento instalou-se na sessão uma atmosfera relativamente amistosa, na qual todos puderam expressar um pouco suas decepções, dissabores, medos e desânimos.

Steiner (1993) propõe uma distinção entre compreensão e ser compreendido. Os pacientes que não conseguem utilizar a análise para obter compreensão sobre si mesmos podem ter, no entanto, uma necessidade premente de serem compreendidos, precisam do analista para registrar o que acontece e para reconhecerem a situação de desespero em que se encontram.

Creio que o trabalho com as famílias/refúgio deva se concentrar predominantemente no favorecimento de uma atmosfera em que possam se sentir compreendidos. Repetidas experiências desse tipo podem gerar um sentimento de continência como um alicerce relativamente seguro para a recuperação de um senso de curiosidade a respeito de si mesmos.

Referências

Bion, W. R. (1962). A theory of thinking. *International Journal of psycho-analysis*, *43*, 306-310.

Caper, R. (1996). O brincar, a experimentação e a criatividade. *Livro Anual de Psicanálise*, *12*, 129-138.

Ferro, A. (2000). *Cultura da* rêverie *e cultura da educação.* [Apresentação de conferência]. 23º Congresso Latino-americano de Psicanálise.

Meltzer, D. (1989). O desenvolvimento recente do modelo da mente e sua relação com os sonhos na prática clínica. *Revista Ide*, *18*, 100-113.

Steiner, J. (1997). *Refúgios psíquicos: organizações patológicas em pacientes psicóticos, neuróticos e fronteiriços.* Imago. (Trabalho original publicado em 1993)

Strachey, J. (1969). The nature of the therapeutic action of psychoanalysis. *International Journal of psycho-analysis*, 50(3), 275-292. (Trabalho original publicado em 1934).

14. E *Depois da tempestade*?[1]

Hirokazu Koreeda é um diretor, produtor, roteirista e editor japonês. A preocupação principal dos seus filmes está voltada à família, à memória, à morte e, principalmente, aos que foram deixados para trás, a como lidar com a perda.

As narrativas dos filmes de Koreeda mostram a reviravolta que acontece no *ikigai* (na razão de viver) após a morte e outras perdas significativas na vida da família. O *ikigai* de antes é desconstruído no momento da perda, e os personagens centrais precisam buscar uma nova razão de viver.

Na experiência de perda, o *ikigai* não mais se sustenta na esperança e nas alegrias, mas se enraíza no rancor, na ambivalência, na identificação com o objeto perdido, no aprisionamento ao passado e também nas tentativas de seguir adiante.

Sobre a morte, Koreeda comenta em uma entrevista:

---

1 Comentário ao filme *Depois da tempestade* no Encontro Empreendendo a Família, em junho de 2021.

> *Quando se chega à nossa idade, quase metade das pessoas que nos apoiaram, nos incentivaram e nos construíram já estão mortas. Sob este aspecto, portanto, não estão tão longe quanto antes, tanto a morte como as pessoas que morreram. Ou seja, não é pelo fato de terem morrido que elas desapareceram em algum lugar. Isto porque o tempo que passamos a pensar nas pessoas que morreram inevitavelmente aumenta. (Tomimatsu, 2017, p. 8)*

A filmografia de Koreeda retrata com realismo e estética apurada o que Freud introduz em "Luto e melancolia", escrito em 1915. O trabalho de luto, quer seja pela perda de um ente querido, quer seja pela perda de um ideal, impõe um dos maiores desafios ao equilíbrio do psiquismo.

Questionando sua proposição de 1915 de um trabalho de luto plenamente exitoso, Freud escreve a Binswanger, em 1929:

> *Nunca encontraremos um substituto (para a perda). Não importa o que pode preencher esse vácuo, mesmo se ele for preenchido completamente, apesar disso, ele continuará sendo algo diferente. E, na verdade, isso é o que deveria ser, é a única forma de perpetuar aquele amor que não queremos abandonar. (Freud, citado por Leader, 2011, p. 103)*

Depois da tempestade me cativou, em especial, por tratar do trabalho de luto na sua singularidade cotidiana, e não a partir de grandes acontecimentos e de um final exitoso, como é frequente vermos em outros filmes com enredo similar.

Os diálogos são criados, muitas vezes, com base em improvisações dos atores. São diálogos nos quais as trocas se dão por olhares, gestos e silêncios compartilhados.

O filme é dividido em dois momentos. No primeiro deles, Koreeda nos apresenta os personagens da trama, tendo como figura de fundo um tufão que está para chegar. É o 23º tufão do ano.

A filha está na casa da mãe. A conversa é trivial: sobre o tufão, patinação artística e caligrafia.

Logo ficamos sabendo que o pai faleceu há pouco tempo. Era um homem que vivia pedindo dinheiro emprestado para o seu chefe e irmão.

Mãe e filha travam um curto diálogo.

– *Graças a Deus, mãe, isso já é passado.*

– *Sempre sobrava pra mim.*

– *Parece que está com saudade das brigas com ele.*

– *De jeito nenhum. Eu me sinto aliviada.*

– *Você fica muito sozinha. Precisa sair. Fazer novos amigos.*

– *Na minha idade, arrumar amigos é arrumar mais enterros para ir.*

A filha está escrevendo cartões enquanto a mãe prepara o chá. Lembram-se da linda caligrafia do pai. Era a única coisa que ele fazia bem, diz a mãe enquanto prepara uma xícara de chá.

No Japão, no primeiro ano-novo de luto, a família envia cartões-postais para amigos e parentes para a realização do ritual de enterrar as cinzas, quando a urna é encaminhada ao jazigo da família, um pequeno túmulo coberto por uma pedra onde está gravado o sobrenome da família.

Na cena seguinte, somos apresentados ao filho a caminho da casa da mãe. As ruas estão vazias e silenciosas.

Ao longo dessa primeira parte do filme, ficamos sabendo que esse filho é um escritor que ganhou um prêmio importante com a publicação de seu primeiro romance – *A mesa vazia* –, e que depois disso nunca mais conseguiu escrever. Está recém-divorciado da mulher e não consegue pagar a pensão para o filho. Trabalha como detetive particular investigando casos de adultério. Extorque seus clientes (não de maneira violenta, mas com chantagens) para conseguir um dinheiro extra, mas gasta o pouco que ganha em apostas e bebidas. Diz aos outros que trabalha nesse ramo para conseguir informações sobre a profissão de detetive e então produzir seu mais novo romance. Ficam evidentes, nesse momento, traços de identificação com o pai e seu conflito em relação a isto.

Na casa da mãe, procura furtivamente algum objeto valioso do pai que possa lhe render algum dinheiro. Não há nenhuma referência, nesse momento, a algum sentimento de tristeza e pesar pela morte do pai. Enquanto isso, a viúva lamenta não ter tido um marido que lhe tivesse provido um apartamento maior e mais luxuoso.

Em seguida, mãe e filho caminham pelas ruas do condomínio. A tônica da conversa entre eles é o desgosto dela pelo marido que teve:

– *Eu estava passando outro dia e uma borboleta começou a me seguir. Tive a impressão de que era seu pai. E perguntei: "é você?". Então eu falei: "eu estou muito feliz sem você... não fique vindo atrás de mim". E ela saiu voando.*

– *Eu esperava um final comovente.*

– *Azar o seu.*

Se no primeiro momento do filme o luto é introduzido mediante uma combinação de memória áspera e ironia, na segunda metade o filho, a ex-mulher e o neto são retratados reunidos na casa da avó, mostrando de forma íntima o núcleo familiar tentando dar conta das perdas que o atravessam: a morte do pai, a viuvez, o divórcio, o neto entrando na adolescência, os ideais não realizados.

Percepções e memórias são mostradas por meio de conversas da avó com cada um deles.

Conversam sobre a morte, sobre o amor, sobre o passado, sobre o futuro, na mesa da cozinha, lugar pequeno e aconchegante.

A viúva vai até a janela do cômodo, olha ao longe e então senta-se ao lado do filho:

– *Um dia eu vou morrer. Dizem que é melhor morrer dormindo pra quem vai e pra quem fica. Mas isso não é verdade.*

– *Não?*

– *O seu pai morreu dormindo. Mas ele aparece nos meus sonhos.*

– *Você sonha com ele?*

– *De vez em quando.*

– *Como são os sonhos?*

– *Ele sempre está vivo. Aliás, eu sinto que ele continua vivo. A vida dele acabou não sendo como ele queria, nada dava certo pra ele. E vivia culpando os novos tempos pelo seu fracasso.*

A letra de uma música no rádio – "amor mais profundo que o mar, mais azul do que o céu" – os inspira a dar continuidade à conversa:

– *Eu nunca tive um amor mais profundo que o mar por ninguém, e mesmo assim cheguei a essa idade.*

– *Que coisa deprimente.*

– *Você já teve?*

– *Eu? De certa maneira.*

– *Muita gente nunca teve e continua vivendo. Na verdade, continuamos vivendo porque não tivemos. Então procuramos encontrar alegria dia após dia.*

Na cena seguinte, a avó pega um pacotinho de lembranças no armário, senta-se ao lado do neto e, manuseando escritos antigos, diz:

– *O seu pai escrevia bem desde criança. Talvez você tenha talento para a literatura também.*

– *O que é talento?*

– *Não faça essa cara, não é uma coisa ruim.*

– *Não é ruim?*

– *Não. É um talento maravilhoso. Nem todo mundo tem. Você não quer ser igual ao seu pai?*

– *Não.*

– *Por quê?*

– *A mamãe se separou do papai porque não gostava dele, né?*

– *Eles se casaram porque se amavam. Foi por isso que você nasceu.*

No final do filme, em meio à tempestade, pai e filho se encontram no interior de um brinquedo no parque.

– *Você se lembra do seu avô?*

– *Ele era legal comigo. Mas você não gostava dele, né?*

– *Por quê?*

– *Foi a vovó que me disse.*

– *Não é verdade. É que a gente teve uma briga.*

– *Por quê?*

– *Acho... acho que é porque eu virei escritor. O que você quer ser quando crescer?*

– *Servidor público. E você é o que queria ter sido?*

– *Eu ainda não sou o que queria ser.*

Enquanto isso, a nora está sentada à mesa da cozinha preenchendo cuidadosamente alguns cartões. A avó senta-se delicadamente ao seu lado.

– A separação de vocês é mesmo definitiva?

Ela balança a cabeça afirmativamente, com delicadeza.

– Você me trata como se eu fosse sua filha, e sou muito grata por isso, mas ele não nasceu para ter uma família. Pensei que ele iria mudar com o nascimento do filho.

– Neste sentido, ele ficou igual ao pai dele. Desculpe-me te perguntar.

– Eu é que devo me desculpar.

– Assunto encerrado. Não vamos mais comer sushis juntos?

– Não! Podemos ir sim!

– É mesmo? Vou levar vocês a um restaurante sem esteira rolante.

– E vai ser por minha conta. Que felicidade!

Nesse momento, a avó entrega com delicadeza para a nora – ex--nora – o cordão umbilical do neto, guardado dentro de uma caixinha.

Há pesar em seus semblantes.

Na casa da avó, e estimulado por ela, com serenidade e aconchego, dá-se o início de um trabalho de luto. A conversa com cada um deles, o preparo do jantar, cobertas e pijamas, a entrega do cordão umbilical, a visita ao álbum de fotografias, o casal constatando o divórcio evidenciam um trabalho de luto sendo colocado em movimento. Cada um a seu modo, no seu ritmo e com questões singulares a serem elaboradas.

As últimas cenas do filme mostram a avó na sacada do apartamento, que não é aquele em que gostaria de estar, despedindo-se do filho, da ex-nora e do neto, que agora entra na adolescência.

Na frente da estação de trem o casal divorciado segue rumos diferentes.

Ela já tem um novo namorado e provavelmente irá constituir outra configuração familiar, tendo de dar conta da perda da família tradicional.

Ele, com um futuro incerto, tendo de se conscientizar de suas limitações, perdas e frustrações.

O garoto segue adiante após constatar que seu pai não é o herói que ele desejava que fosse, e que seus pais não são mais um casal que deseja ficar junto.

Mas o furacão não os atingiu com a fúria anunciada. Transformou-se numa tempestade. A palavra tempestade vem do latim *tempestas*, relacionado com *tempus*, "tempo", que significa "espaço transcorrido entre dois momentos".

Transcorridos estes dois tempos, antes e depois da tempestade, qual será o destino do luto para cada um deles?

Uma experiência de luto exige da família um complexo trabalho grupal: reflexões sobre a perda, sobre a brevidade da vida, e o encontro com diferentes percepções, memórias e sentimentos.

Quando a família ultrapassa a negação, consegue reatualizar antigos problemas, desvendar equilíbrios precários, trabalhar as emoções, angústias e fantasmas despertados (Eiguer, 1983).

Depois da tempestade ilustra esse processo.

No entanto, lutos familiares com histórias de violência, abuso, homicídio, suicídio, migração, sem possibilidades de elaboração psíquica, podem se constituir em um pacto denegativo, ou seja, um pacto de desconhecimento, ou de resistência, que se instala entre as gerações de tal forma que os membros da família não são confrontados com o trabalho de luto (Kaës, 2001).

Resultam daí zonas de silêncio, bolsões de intoxicação, espaços-lixeira ou linhas de fuga que mantêm o sujeito estrangeiro de sua própria história. À geração futura caberá lidar com a experiência de luto que não lhe é própria, mas sim dos pais ou avós, e que faz dela prisioneira de uma pré-história não elaborada.

Referências

Eiguer, A. (1983). *Um divã para a família: do modelo grupal à terapia familiar psicanalítica*. Artes Médicas.

Kaës, R. (2001). Um pacto de resistência intergeracional ao luto. In O. R. Correa (Org.), *Os avatares da transmissão psíquica geracional* (pp. 45-59). Escuta.

Leader, D. (2011). *Além da depressão. Novas maneiras de entender o luto e a melancolia*. Best Seller.

Tomimatsu, C. M. (2017). *O cinema que convoca os sentidos da vida: uma análise do conceito de Ikigai (razão de viver) na filmografia de Hirokazu Koreeda* [Tese de Doutorado, Pontifícia Universidade Católica de São Paulo]. Recuperado em 12 de maio de 2021, de https://tede2.pucsp.br/handle/handle/20696.

15. Desbravando o pensamento selvagem[1]

O pensamento selvagem é o título de um filme de Alexandre Boechat e Clima (1998-2000), que se encontra no Vimeo, um site de compartilhamento conhecido entre os produtores de audiovisual, no qual os usuários podem fazer *upload*, compartilhar e assistir a vídeos.

O filme é todo construído com uma série de imagens com tomadas longas. O ritmo é lento. Não há diálogos. Não há uma trama. Algumas cenas vêm acompanhadas de barulho de vozes ao fundo e trilha sonora. A experiência visual é impactante. As cenas apresentadas não parecem ter articulação entre si. Uma obra em aberto, criada essencialmente por uma sequência de imagens fortes, sugerindo assim diversas interpretações.

Trata-se de um pensamento em busca de um pensador?

1 Trabalho apresentado em mesa-redonda no Congresso Preparatório para o Congresso Internacional de Bion promovido pelo Grupo Psicanalítico de Goiânia em 2018.

Um pensamento, disse Bion (1977/2016), pode ser extraviado, alcançar seu destinatário e ser devolvido ao seu dono. Pode ser destruído, queimado, guardado em uma caixa secreta.

Quando, tempos atrás, assisti a *O pensamento selvagem*, resolvi deixá-lo de sobreaviso. Voltei a buscá-lo várias vezes, até que numa delas pude considerá-lo (a sequência de imagens apresentadas) uma alegoria, isto é, um modo de expressão figurada que me auxiliou a elucidar noções centrais do conceito de Bion sobre o pensamento selvagem e o que fazer com ele.

O filme inicia com labaredas de fogo em meio à escuridão. Ao fundo, ouve-se uma fala numa língua indecifrável. Em seguida, vemos imagens aéreas de uma cidade moderna com imponentes arranha-céus. Essas imagens aéreas de uma grande cidade reaparecem algumas vezes no filme, até que em uma delas, por causa de uma vista aérea do rio Hudson, pude constatar que era Nova York.

Na cena seguinte, a imagem, talvez, de um santo de mais ou menos um metro de altura, amarrado à caçamba de um caminhão ou caminhonete, se move a certa velocidade pelas ruas de uma cidade. Só vemos a imagem dele, de pé, altivo, atravessando a cidade. Ele está com um belo capacete que faz lembrar um soldado romano. Plumas vermelhas saem de suas costas. As mãos estão acomodadas no ventre e cordas amarram, no seu peito, um garfo, uma faca e uma colher.

São Jorge? São Sebastião? E por que garfo, faca, colher em vez de uma espada ou um crucifixo? Será mesmo a imagem de algum santo? A cena termina com essa imagem percorrendo os restos de uma estrada de ferro em cujo final encontramos um homem negro estendido no chão, supostamente morto.

A cena seguinte mostra um homem de óculos escuros, terno e gravata, levando na coleira, na mão esquerda, dois enormes cachorros pretos, enquanto carrega ostensivamente, na mão direita, uma carabina. Esse homem aparece mais de uma vez no filme.

Em seguida, somos apresentados a um homem cego caminhando pelas ruas com a ajuda de uma bengala.

O cego reaparece várias vezes, ora caminhando pelas ruas, ora sentado em uma cadeira de sol no local onde, no início do filme, aparecia o homem negro estendido no chão.

Por duas vezes aparecem pescadores em um enorme rio. Rio São Francisco? Rio Amazonas?

Nos vinte minutos de filme, aparece, como se estivessem saindo do mar e caminhando lado a lado, Pedro Álvares Cabral, Pero Vaz de Caminha e o bispo Sardinha. Lá pelas tantas eles reaparecem dançando samba na praia com indígenas, mamelucos, negros, brancos e mulatos: um cadinho de raças.

Há também, entrecortando essas cenas, um homem de terno enforcado em uma árvore, ao lado de uma estrada precariamente asfaltada e aparentemente quase sem movimento nenhum.

Há um faquir, um homem enorme, obeso, estendido em meio a uma praça, e que se torna um ponto de atração para as pessoas que passam por lá.

Há, ainda, dois homens jogando dominó, sentados em uma mesinha ao lado de uma Kombi que vende suco de cana. Pelas vestimentas, percebe-se que são muçulmanos.

Há Jesus carregando a cruz, num longo trajeto, até se sentar ao lado de um soldado romano. Depois, fatigado, coloca a cabeça no colo do soldado romano e é afagado por ele.

Um casal apaixonado passa pelo cego sentado na cadeira e de repente começa a se estapear. O cego caminha ao redor deles. Há um homem filmando toda a cena.

Quase no final, retornam as labaredas em noite escura. Um homem vai ateando fogo em galões enfileirados, iluminando os dois lados de uma pequena estrada.

Na última cena, no mesmo local onde havia o homem enforcado em uma árvore, vemos em uma longa tomada um mestre-sala fazendo uma bela performance. Ele está sozinho, sem a sua porta-bandeira.

A experiência com esse filme é perturbadora e inquietante. Não há uma história com começo, meio e fim. A impressão que se tem é de que o filme poderia começar com qualquer uma das imagens, já que o encadeamento entre elas parece não fazer a menor diferença.

No decorrer do filme, me via na expectativa de que a próxima cena traria um desfecho, uma narrativa na qual me apoiar a fim de acalmar a minha inquietação. A cada cena, esperava uma narrativa que me ajudasse a pegar algum fio da meada. Mas isso não aconteceu, pelo contrário, a perturbação e inquietação só fizeram aumentar, cena após cena.

A intersecção entre as imagens é expressa de tal forma que cada uma parece ter sido arrancada do vazio e nele volta a cair, constantemente.

Não há personagens lineares, pelo contrário, os personagens e objetos utilizados para a criação do filme são dúbios. Não há uma narrativa que cumpre um determinado modo de agir. As temporalidades são indistinguíveis.

A experiência com esse filme foi impactante, e por meses lembrava-me de algumas cenas e tentava encontrar algum significado para esta trama sem trama, até que, em algum momento, e instigada e intrigada com o título – *O pensamento selvagem* –, conjecturei que toda esta trama sem trama não inspirava a noção de um pensamento em si, mas a impossibilidade de pensar-se um pensamento, um pensamento ainda sem pensador, um pensamento em busca de um pensador.

> *Essa ideia de pensamento repousa sobre uma afirmação fundamental: existe pensamento que não pensa, pensamento operando não apenas no elemento estranho do não-pensamento, mas na própria forma do não-pensamento. Inversamente existe não-pensamento que habita o pensamento e lhe dá uma potência específica. Esse não-pensamento não é só uma forma de ausência de pensamento, é uma presença eficaz de seu oposto. (Rancière, 2009, p. 33)*

Oferecendo moradia ao pensamento selvagem

Geralmente, quando baixamos um filme ou vídeo, encontramos uma sinopse ou comentários a respeito. Há também sites e blogues que nos oferecem críticas sobre determinada obra.

O pensamento selvagem não traz nenhum comentário. Nenhuma sinopse. Nenhuma entrevista com roteirista e diretor falando sobre a criação do filme, intenções, motivações. Então tentei um contato direto com Alexandre Boechat. Perguntei a um conhecido que trabalha com produção de vídeos e curtas se o conhecia. Respondeu-me que não. Pelo Google encontrei o site do Canal Azul, especializado na criação e produção de conteúdo audiovisual para cinema, TV e internet. Alexandre Boechat é um de seus diretores. Vi sua foto: um homem de 47 anos, de óculos, simpático.

Por meio desse site, escrevi a Alexandre Boechat: disse que era psicanalista e que estava muito interessada em conversar com ele sobre o filme *O pensamento selvagem*. Não obtive nenhuma resposta. Então eu desisti.

Pensei: é fincada nessas experiências que vou prosseguir, no impacto que me causou assistir a esse filme, na falta de quaisquer comentários e notas sobre ele, na inacessibilidade do roteirista e diretor.

Alguns pacientes me despertam experiências muito semelhantes a essas que vivi com o filme. As sessões são permeadas por frases, em curtas tomadas, que parecem ter sido arrancadas do vazio e nele voltam a cair, constantemente. Não parece haver uma ligação associativa entre elas.

Um analisando rotineiramente deitava-se no divã e dizia: "Hoje vou cortar o cabelo... Amanhã vou a uma festa... Meu pai está com enxaqueca... Meu avô não quer tomar banho...".

Essas frases repetiam-se sessão após sessão, com pouca, quase nenhuma alteração no repertório. Eram ditas em intervalos de cinco, dez, quinze minutos entre uma e outra. Não parecia existir um elo dinâmico entre elas. A sequência de frases – "hoje vou cortar o cabelo... amanhã vou a uma festa...o meu pai está com enxaqueca" – assemelha-se à sequência de cenas apresentadas no filme. Não há trama. Não há enredo.

Quando eu conseguia encadear algum comentário, ele dizia: "é verdade, é verdade". Ficava então em silêncio, e em seguida dizia: "amanhã tenho aula de inglês... sábado tenho uma festa...".

Algo semelhante ocorria com outra analisanda. Uma característica dessa análise eram os longos silêncios. Ela começava com um longo silêncio e então dizia: "tive prova ontem... amanhã tenho que entregar um relatório... no próximo sábado terei aula o dia inteiro...". Essas frases se repetiam sessão após sessão, quase sem nenhuma modificação. Chamava também minha atenção que, quando se referia a alguma pessoa, esta nunca era nomeada. Ela não dizia o nome das pessoas que eventualmente citava na sessão. Referia-se a elas como "minha colega, meu colega, uma tia minha...". Com muito esforço, algumas vezes, eu conseguia comunicar-lhe como a estava percebendo: tensa, preocupada ou com medo. Ela, então, se petrificava no divã e, após um longo silêncio, retomava sua comunicação habitual, como se nada tivesse acontecido: "amanhã tenho aula o dia todo... segunda-feira tenho prova...".

Em algum momento percebi que seu terror, o terror que drástica e severamente cindiu a palavra de seu significado, estava afundado nas profundezas opressivas do desespero. Seria ela a sobrevivente de uma catástrofe? Seria a sua fala desconectada da experiência emocional uma expressão de pensamentos selvagens, primordiais, buscando moradia para poderem ser sonhados e pensados?

Oferecer um lar a um pensamento selvagem – "aqueles pensamentos que brotam e para os quais não há qualquer possibilidade de se traçar de imediato qualquer tipo de posse, ou mesmo de se vislumbrar a genealogia deste particular pensamento" (Bion, 1977/2016, p. 39) – requer um manuseio particular. Requer desprendimento de ideias preconcebidas, o que inclui as teorias que fundamentam o pensamento clínico psicanalítico.

O importante, diz Bion (nas supervisões realizadas na SBPSP e que tive a oportunidade de ler), é qual a experiência que realmente cada um está tendo, que se cria na relação analítica, que se observa e que é possível desenvolver no contato. Ele propõe diversas vezes que o trabalho do analista seja o contato com o que está acontecendo no momento em que acontece. A dor que está sendo vivida, que forma está tomando? Enfatiza as experiências emocionais, a captação de pensamentos sem pensador, em vez das explicações prontas advindas das teorias. Algo que não é só da esfera do conhecimento das teorias, mas, em especial, algo a ser vivido no contato íntimo entre as duas pessoas na sala de análise. Um trabalho a quatro mãos alicerçado no "sem memória, sem desejo, sem anseio por conhecimento", na medida em que suportamos sustentar o não saber (capacidade negativa).

Quando suportei a inacessibilidade de Alexandre Boechat para me falar sobre o seu filme, a construção dele, o que significavam todas aquelas sequências de imagens, e aguentei assistir ao filme sem querer decifrá-lo de cabo a rabo, outros questionamentos foram despertados.

Que impressões essas cenas causam em mim? Que efeito criam em mim? Sinto-me tocada? Qual o tipo de som? Há barulhos, ocos, vazios, ruídos? Para o que olharei, para onde, para ter uma melhor visão?

Fui, dessa forma, desbravando *O pensamento selvagem* e encontrando alguns detalhes, tons e sons que vinham passando despercebidos.

O pensamento selvagem sendo desbravado

Com outra disposição e dispositivos, fiquei mais atenta às figuras apresentadas, todas elas emblemáticas: a estátua do santo, o cego, o gângster, o enforcado, o casal apaixonado que se põe subitamente a se estapear, o homem negro estendido no chão aparentemente morto, Nova York, Pero Vaz de Caminha, Pedro Álvares Cabral e o bispo Sardinha, o cadinho de raças dançando samba, o sunita e o xiita jogando dominó, o mestre-sala.

Consegui identificar alguns personagens somente quando li e anotei os créditos. Antes disso não consegui distinguir que os três homens saindo do mar eram Pedro Álvares Cabral, Pero Vaz de Caminha e o bispo Sardinha. Tampouco identifiquei antes de ler os créditos que os muçulmanos que jogavam dominó eram um sunita e um xiita e que o homem de terno e óculos escuros ostentando uma arma era um gângster.

Nos créditos encontrei também o nome do ator que representava São Sebastião. Fiquei curiosa. Então a imagem transportada logo no início do filme não era a de São Sebastião? Essa imagem seria de quem, então? E onde, em que cena está o tal São Sebastião?

Pus-me a procurar e o encontrei – ou acho que o encontrei.

Mais ou menos na metade do filme, aparece um homem idoso sentado na calçada, à mesa de um bar qualquer. Está vestindo uma camiseta com três flechas enfiadas nela: "este deve ser São Sebastião", conjecturei. O mártir São Sebastião é representado na figura de um homem jovem, seminu, amarrado e com flechas.

O homem grisalho sentado à mesa de um bar tomando cerveja não aparenta ser um mártir, mas três flechas de plástico estão enfiadas na camiseta, as mesmas três flechas que flagelaram São Sebastião, e no mesmo lugar do corpo.

Foi então que, com a atenção voltada para essa cena, percebi uma interação do personagem com uma narrativa. O homem idoso tomando cerveja, com três flechas espetadas na camiseta, cantarola. Cantarola com o olhar longínquo, num misto de lunático e excêntrico. Ele cantarola a *Balada para un loco*, de Astor Piazzola, que é a trilha sonora dessa cena:

> *...já sei que já não sou, passei, passou... eu venho das calçadas que o tempo não guardou e vendo-te tão triste, pergunto: o que te falta? Talvez chegar ao sol, pois eu te levarei! Louco, louco, louco, louco! Foi o que disseram quando disse que te amei! Mas naveguei as águas puras dos teus olhos e com versos tão antigos eu quebrei teu coração! Louco, louco, louco, louco! Vivam! Vivam os loucos que inventaram o amor!*

Essa música, conta Ariel Palacios em seu blogue no *Estadão*, foi criada a partir de uma longa e frutífera parceria entre o bandolinista argentino Astor Piazzolla e o poeta uruguaio Horacio Ferrer.

Um dos mais famosos e saborosos frutos desse trabalho conjunto foi *Balada para un loco*, estreada no dia 15 de novembro de 1969 no

Luna Park, em pleno centro portenho, onde transcorria o encerramento do Festival Ibero-americano de Dança e Canção.

Piazzolla havia iniciado a parceria com Ferrer pouco tempo antes, quando o poeta renunciou a um cargo que tinha na Universidade da República, em Montevidéu. Piazzolla, ao ler seus poemas, lhe disse: "isso que você faz na poesia, eu faço com a música. Largue tudo e venha trabalhar comigo".

A nova dupla começou a preparar a ópera-tango *María de Buenos Aires*. Mas, entre uma pausa e outra, foram assistir a *Rey por inconveniencia*, do diretor Philippe de Broca. Um soldado britânico (interpretado por Alan Bates) chega a um vilarejo francês após o final da Primeira Guerra Mundial. Ali só estão os loucos que ficaram soltos do manicômio local.

Ferrer, ao ver o filme, ficou fascinado: "o soldado viu que os loucos tinham uma vida melhor do que aqueles que viviam fora do manicômio". Isso o inspirou para a figura do louco, protagonista da *Balada*.

Os dois amigos atarefaram-se na composição da obra, concluída no apartamento que Piazzolla tinha na avenida Libertador 1088, andar 14, apartamento C.

No dia D, Ferrer levou a letra de *Balada para un loco*. Piazzolla, fascinado, tocou uma melodia. Parecia que estava em transe.

Mas Ferrer não gostou. "Não tinha o lado romântico e boêmio que a letra requeria", explicou anos depois.

Piazzolla tentou uma segunda melodia.

Dessa vez foi o próprio Piazzolla que não gostou daquilo que ele mesmo havia composto. "Não, não... parece um tango plagiado de Mariano Mores", disse, referindo-se a um tangueiro de fama nos anos 1940 e 1950, na ativa até hoje.

Depois, na terceira tentativa, começou colocando alguns acordes de *Adiós nonino* e, finalmente, com essa base, construiu *Balada para un loco.*

Ferrer começou a recitar seu poema.

Quando Ferrer terminou de ler o poema e a melodia foi encerrada, Piazzolla, emocionado, com os olhos marejados, disse: "Horácio, temos um míssil em nossas mãos".

***

Quando tudo corre bem, isto é, se o pensamento sem pensador não é extraviado, devolvido ao seu dono, perdido, ignorado, rechaçado ou repelido, o analista acompanhado da experiência emocional em curso e de espírito investigatório, aliado à sua imaginação e razão especulativas, vai separando dados, entrelaçando fatos, detendo-se naqueles que escaparam, nos que se justapõem, nos que se embaralham, numa tentativa de transformá-los em sonho e pensamento.

Quando um pensamento sem pensador é sustentado, a dupla analítica se inclina, sonha e pensa o invisível da vida psíquica, numa bela parceria, semelhante à de Piazzolla e Ferrer: o bandolinista e o poeta que juntos compõem uma música metade declamada, metade cantada.

Quando o analista sobrevive ao risco de calcificar imaginações e ideias, pode penetrar cesuras e voltar ao sonho que ainda não se teve, ao sonho que já se sonhou em alguma noite, ao sonho que se originou naquele exato momento de encontro.

Referências

Bion, W. R. (2016). *Domesticando pensamentos selvagens*. Blucher. (Trabalho original publicado em 1977).

Rancière, J. (2009). *O inconsciente estético.* Editora 34.

16. Psicanálise em tempos de *krâsis*

> *Desde que me tornei psicanalista, meus únicos mestres foram meus pacientes. Muitos analistas me nutriram, muitos me construíram, mas nunca erigi nenhum deles como mestre do pensamento. Fico feliz por não ter discípulos. (Pontalis, 2010/2012a, p. 22).*

A palavra "crase" é originária do grego *krâsis*, que significa, segundo o *Dicionário Houaiss* (2009), a ação de misturar, de mesclar elementos que se combinam num todo.

A crase é uma particularidade gramatical, bastante importante, da língua portuguesa no Brasil. Isso porque, nela, a preposição e o artigo são idênticos. Para evitar uma duplicação da letra "a" no texto, utiliza-se a crase. E também para evitar ambiguidade nas frases, em função dessa semelhança (duas vogais idênticas, porém com funções distintas).

O emprego da crase na língua portuguesa é polêmico. Poucos assuntos geram tanta polêmica no domínio da gramática portuguesa quanto a crase. Não foram poucos os que já se manifestaram contra ou a favor dela.

É de Ferreira Gullar, poeta e escritor, o aforismo: "A crase não foi feita para humilhar ninguém". Em matéria publicada no jornal *Folha de São Paulo*, em 31 de julho de 2011, Ferreira Gullar escreveu que foi em 1955, quando ganhou de Simão Leal, diretor do Serviço de Documentação do Ministério da Educação e Cultura, um exemplar do livro *Tudo sobre a crase*, que esta frase lhe acometeu: "tomei o ônibus que me levaria à revista Manchete, então, na Frei Caneca, comecei a ler o livro e, antes de descer, já havia sacado o aforismo: '*A crase não foi feita para humilhar ninguém*'. Uma brincadeira que fiz com a preocupação dos gramáticos com o uso da crase".

Em resposta a Gullar, o escritor Moacyr Scliar (citado por Viana, 2011), em uma crônica intitulada "Tropeçando nos acentos", afirma que a crase foi feita, sim, para humilhar as pessoas. Por causa dela, a população brasileira pode ser dividida em duas classes: uma minoria que sabe utilizar com propriedade o fenômeno fonético, e a maioria que tem medo existencial desse sinal gráfico.

Reconhecendo que a crase parece mesmo ter-se transformado num "grave problema ortográfico e existencial", Moacyr Scliar propõe que poderíamos utilizar dispositivos que hoje fazem parte dos programas de computação (mas que às vezes cometem erros lamentáveis). Outra forma de solucionar o problema seria uma resolução na grafia que reduzisse os acentos ao mínimo possível ou, melhor ainda, a zero.

Rebelde e provocador, o humorista Millôr Fernandes vai mais longe e assume com todas as letras que é contra a crase, pois ela não existe: "é uma invenção em português do Brasil" (citado por Viana, 2011).

Em 2005, o deputado João Herrmann Neto propôs abolir este acento do português do Brasil por meio do Projeto de Lei 5.154, sob a alegação de que "o acento não faz falta nenhuma, um sinal obsoleto que o povo já fez morrer".

Bombardeado, na ocasião, por gramáticos e linguistas que o acusavam de querer abolir um fato sintático como quem revoga a lei da gravidade, Herrmann Neto logo desistiu do projeto.

Na língua espanhola resolveram essa questão da seguinte forma: o artigo é *la* e a preposição, *a*.

O fato é que, na língua portuguesa do Brasil, entre humilhados e defensores, abole-se um acento agudo aqui, um circunflexo lá, mas a crase tem vida longa e garantida, dizem os gramáticos e linguistas. Isso porque ela evita ambiguidade, embora não haja correspondência entre o som resultante da crase e sua representação na escrita.

Lembro-me, aqui, do título de dois livros de Pontalis: *À margem das noites* (2012a) e *À margem dos dias* (2012b).

O "a" craseado proporciona um recurso linguístico que diferencia e mescla o tempo, ao mesmo tempo. Introduz a noção de penumbra, sombra, o lusco-fusco que margeia a noite inaugurando o dia e o dia anunciando a entrada da noite. Sem o a craseado, falar sobre a margem do dia e a margem da noite implicaria somente um trabalho de delimitação e descrição do que é o dia e o que ocorre ao longo dele e o que é a noite e o que ocorre neste período.

Psicanálise em tempos de krâsis: uma ou muitas psicanálises?

Nos anos que seguiram à morte de Freud, pensadores geniais fertilizaram o seu pensamento desenvolvendo modelos teórico-

-clínicos distintos que deram origem à criação de várias escolas psicanalíticas, como a escola inglesa, a escola americana, a escola francesa, e a uma necessidade de adesão a uma delas, levando à criação de termos como: analistas freudianos, lacanianos, kleinianos, winnicotianos, bionianos.

A partir daí, um movimento separatista cada vez mais acirrado foi se instalando, as diferentes escolas disputando a hegemonia nesse campo intelectual, pretendendo ocupar o lugar privilegiado da verdadeira psicanálise, a herdeira privilegiada da herança de Freud. No entanto, cabe salientar que essa fundamental fertilização do pensamento de Freud ocorreu, em especial, porque o mapeamento de seus conceitos não é uniforme; muitos dos seus escritos são questionados no próprio texto, dando margem a múltiplas leituras.

A herança de Freud, enfatiza Mezan (1988/2002), está sob o signo da dispersão. E foi sob este signo que o seu pensamento foi levado adiante de forma genial. Mas o enfrentamento entre as escolas permaneceu e deixou uma marca no movimento psicanalítico, gerando uma forte tendência a monólogos.

Mezan (1988/2002), no artigo "Klein, Lacan: para além dos monólogos cruzados", salientou que o debate entre kleinianos e lacanianos se converteu em dois monólogos cruzados, já que, por partirem de teses bastante diferentes sobre a natureza do inconsciente, sobre as finalidades do processo analítico e sobre o que significa escutar, esses analistas não escutam a mesma coisa.

A criação das escolas dogmáticas, segundo Urribarri (2013), levou a um reducionismo dos modelos originários que acarretou uma crise essencial, a crise de seus modelos, pois cada um deles não tem respostas suficientes para todas as perguntas da clínica cotidiana.

Nessa mesma perspectiva, Elias Rocha Barros (citado por Calich e Berlim, 2003) faz uma crítica à proliferação de escolas psicanalíticas que se arvoram numa originalidade teórica que torna o debate psicanalítico estéril fora do restrito círculo dos seguidores, criando uma crise de vários matizes.

Esse movimento separatista entre as escolas acabou gerando, numa tentativa de minimizar monólogos cruzados, uma distinção entre os que acentuam o "quase igual", para defender a unidade, ou o "um tanto diferente", para defender a diferença. A tal ponto que, em meados do ano 2000, travou-se um debate interno no movimento psicanalítico entre Green (2005) e Wallerstein (2005).

Wallerstein propôs a existência de um solo comum da psicanálise que se encontra em sua teoria clínica, e que o pluralismo psicanalítico, ou seja, a existência de várias teorizações ou metapsicologias, pode não ser uma tendência duradoura. Além disso, segundo ele, seria possível evoluir para maiores convergências e ampliar o solo comum.

Green, por sua vez, criticou essa postura de reconhecer um solo comum, acreditando ser uma ilusão e um mito, e destacou que pessoas de uma determinada orientação de fato não são capazes de ouvir outras e apenas repetem seus próprios argumentos. Para ele, um possível solo comum deve ter uma base sólida.

Entre a existência de um solo comum e a ideia de que isso não passa de uma ilusão e de um mito, visualizo a emergência, no movimento psicanalítico, de uma tentativa de articular as diferentes compreensões sobre a natureza do inconsciente, sobre diferentes finalidades do processo analítico e sobre o que significa escutar, de forma a oferecer uma complexidade à teoria e à técnica.

Uma *psicanálise craseada* é uma psicanálise que traça as margens de diferenças teórico-clínicas, mas que também as mescla em benefício de uma complexização da teoria e da prática psicanalítica. Uma psicanálise que não assenta moradia em paróquias:

> *[...] quanto mais os psicanalistas sentirem que podem adotar modelos diferentes, de diferentes grupos e escolas, no meu ponto de vista, mais abertos eles estarão para a comunicação inconsciente do paciente. Serão mais capazes de organizar fenômenos psicológicos complicados e, em consequência, mais eles terão de desenvolver a arte da técnica, porque a técnica é uma arte. Claro que é difícil, porque existe uma grande força no sentido oposto, de se pertencer a um grupo só, de manter lealdade a um grupo. A psicanálise não é diferente, neste sentido, de outros movimentos intelectuais, nos quais a lealdade interfere no pensamento: o fato de alguém procurar outros modelos é experimentado como uma forma de traição ao grupo. (Calich e Berlim, 2003, p. 54)*

Psicanálise em tempos de krâsis: o espaço mental como um complexo território multidimensional

Em prol de uma mesclagem de escolas que se diferenciam entre si, mas que nem por isso deixam de ser consideradas psicanálise, encontramos concepções sobre o inconsciente e formulações acerca do objeto da psicanálise que vêm ganhando em complexidade. Inaugura-se, assim, na virada dos anos 2000, um período caracterizado por uma psicanálise contemporânea: uma psicanálise pluralista e heterogênea.

Conceitos elaborados por Green trazem essa marca. O seu texto "Pulsão de morte, narcisismo negativo e função desobjetalizante" (1984/1988), apresentado em 1984 em um simpósio sobre pulsão de morte, é um marco histórico, pois inaugura os desenvolvimentos teórico-clínicos caracterizados por um movimento que luta contra a falta de comunicação e articulação entre as escolas. Convém citar as ideias inovadoras de Green nesse texto – inovadoras porque assentadas numa original articulação entre a teoria das pulsões, como elaborada por Freud, e a teoria das relações objetais, formulada pela escola inglesa.

> *[...] propomos a ideia de que a meta essencial das pulsões de vida é garantir uma função objetalizante. Isso não apenas significa que seu papel é criar uma relação com o objeto (interno e externo), mas também que ela se revela capaz de transformar estruturas em objetos. Dito de outra forma, [...] pode fazer chegar à categoria de objeto aquilo que não possui nenhuma das qualidades, propriedades ou atributos do objeto, desde que uma única característica se mantenha no trabalho psíquico realizado: o investimento significativo. [...] No limite, é o próprio investimento que é objetalizado. [...] A meta da pulsão de morte, ao contrário, é realizar ao máximo uma função desobjetalizante através do desligamento. (Green, 1984/1988, p. 64)*

Esse texto de Green faz parte de um conjunto de outros que foram apresentados em um simpósio realizado em Marselha em 30 e 31 de março de 1984. Tratava-se do primeiro simpósio organizado pela Federação Europeia de Psicanálise, que congregou por volta de quarenta participantes, representantes das sociedades de psicanálise que compõem essa federação. Esse simpósio foi fruto de um projeto cujo objetivo era lutar contra uma ignorância mútua dos pensamentos dos analistas de diferentes sociedades europeias.

> *[...] assim nasceu o projeto de realizar redes mais ou menos permanentes, reunindo psicanalistas de diferentes*

> *sociedades europeias filiadas à Federação no âmbito da Associação Psicanalítica Internacional, que se articulariam para além destas barreiras linguísticas dos sistemas de comunicação e de trabalho em comum aprofundado. Assim foi concebido o projeto de reunir periodicamente psicanalistas especializados em um mesmo tema de pesquisa, a fim de estabelecer uma confrontação de diferentes correntes de pensamento que muitas vezes se ignoravam e de difundir seus trabalhos para o conjunto da comunidade psicanalítica. O Simpósio de Marselha foi a primeira realização deste projeto. (Widlôcher, 1984/1988, p. 10)*

Em prol deste movimento de consolidar uma visão do psiquismo como essencialmente complexo, heterogêneo e processual, Green organizou, em 2001, um número especial da *Revista Francesa de Psicanálise*, com o tema psicanálise contemporânea, para estimular a criação de uma visão de conjunto da situação atual da psicanálise. Solicitaram a alguns autores, escolhidos em função de seus trabalhos ou de sua representatividade, que descrevessem sua posição para a apresentação de um quadro geral da psicanálise contemporânea: "esperamos ter despertado, com esta iniciativa quase às cegas, a curiosidade de nossos colegas que podem, por vezes, ficar perturbados diante da diversidade de posições ou de sua expressão convicta" (Green, 2003, p. 19).

Ganhando força nesta direção, visualizo a emergência de um pensamento teórico-clínico que enfatiza não só a pluralidade de conceitos e ideias de diferentes psicanalistas representantes de diferentes sociedades psicanalíticas filiadas à International Psychoanalytic Association (IPA), mas, em especial, a compreensão de um espaço mental como um complexo território multidimensional que abrange inúmeros sistemas interligados, cada sistema gerando produtos que subsidiam diferentes estruturas defensivas, sustentadas em diferentes níveis de simbolização que permitem a transformação de distintos conjuntos de ansiedade. Essas diferentes organizações não se apresentam de forma excludente, uma se estabelecendo em detrimento de outra, mas se sobrepõem, se conectam, se ramificam. Nesse sentido, o modelo para pensarmos o espaço mental seria o de um complexo território multidimensional.

O pensamento teórico-clínico de Marucco (2012) aponta para essa direção. Esse autor, partindo da metapsicologia freudiana e acompanhado por Klein, Winnicott, Bion e Green, propõe a existência de cinco zonas de funcionamento psíquico no espaço mental: as zonas do sonho, do narcisismo, da pulsão de morte, da identificação e do fetichismo. Cada uma dessas áreas do funcionamento psíquico expressa diferentes processos de inconscientização que coexistem e se superpõem.

A conceituação de zonas de funcionamento psíquico com suas diferentes formas de inconscientização favorece, acima de tudo, aguçar os "sentidos analíticos", com a finalidade de poder detectar, no paciente, as distintas maneiras pelas quais se expressa o inconsciente em cada uma das zonas.

A partir daí o analista buscará encontrar as vias de acesso mais adequadas, de acordo com as suas ferramentas técnicas. Esse processo implica maior complexidade no trabalho analítico, pois a noção de diferentes zonas de funcionamento psíquico que coabitam na mente gera a necessidade de distinguir, a cada momento, qual é a estrutura psíquica que está "tomando a palavra".

> *[...] o psicanalista de hoje deverá avançar pelos caminhos da investigação, na superfície e na profundidade dos fenômenos que se expressam na psicopatologia clínica e também na psicopatologia da vida cotidiana. Caminhos que, no meu entender, às vezes resultam paralelos com os*

> *da repressão, e outras vezes podem produzir fenômenos de inconscientização simultâneos, assim como estranhos entrecruzamentos. (Marucco, 2012, p. 82)*

Essa proposta está em consonância com as elaborações do filósofo Edgard Morin sobre o pensamento complexo. Segundo Morin (1977/2002), o princípio da complexidade objetiva esclarecer o caminho do conhecimento e seus modelos, propondo o pensamento complexo como maneira de ultrapassar o reducionismo e o determinismo. Fundamentalmente, o pensamento complexo se caracteriza por uma capacidade para pensar junto e para unir os saberes disjuntos num processo de não mutilação dos conjuntos, tampouco das partes (Morin, 1977/2002). Isso implica uma concepção cíclica de pensamento, que é geradora de um conhecimento que repensa continuamente a própria estrutura do pensamento, e que retorna à sua fonte em forma de circuito interrogativo e crítico.

Se pegarmos um vinho do porto, afirma Morin:

> *[...] podemos ter certeza de que nesse vinho do porto há partículas que se formaram nos primeiros segundos do Universo, ou seja, há cerca de quinze milhões de anos; há também o hidrogênio, um dos primeiros elementos a ser formado no Universo, e produtos do átomo de carbono, formado quando da existência do sol anterior ao nosso. No copo do vinho do porto, há a conjugação de macromoléculas que se juntaram na terra para dar origem à vida e há ainda a evolução do mundo vegetal, do mundo animal, até o homem, e a evolução técnica que permitiu ao ser humano extrair o sumo da uva e transformá-lo [...] num copo de vinho do porto temos toda a história do Cosmos e, simultaneamente, a originalidade de uma*

> *bebida encontrada apenas na região do Douros. Somos filhos da natureza viva da terra e estrangeiros a nós próprios. (Morin, 1977/2002, p. 65)*

O desenvolvimento pós-freudiano gerou um avanço substancial na teoria e na técnica psicanalítica e, num primeiro momento, um movimento separatista entre as diferentes escolas de pensamento e modelos de mente. Posteriormente, em meados dos anos 1980, inaugurou-se, numa tentativa de ultrapassar dogmas e reducionismo, uma psicanálise contemporânea, complexa, heterogênea e processual.

Penso que o desafio da teoria e da técnica psicanalítica para os próximos anos é desenvolver uma escuta que delimita as margens dos diferentes funcionamentos psíquicos (tanto na patologia como na vida cotidiana), assenta moradia à margem das diferentes escolas psicanalíticas e se fundamenta em um modelo de mente multidimensional, caracterizado por diferentes organizações psíquicas com suas modalidades de inconscientização e simbolização que coabitam, se articulam e se sobrepõem em estranhos entrecruzamentos.

Referências

Calich, C. J., & Berlim, G. (2003). *Sobre psicanálise & psicanalistas*. Casa do Psicólogo.

Green, A. (1988). Pulsão de morte, narcisismo negativo e função desobjetalizante. In A. Green, *A pulsão de morte*. Escuta. (Trabalho original publicado em 1984).

Green, A. (ed.). (2003). *Psicanálise contemporânea: Revista Francesa de Psicanálise – número especial 2001*. Imago.

Green, A. (2005). The illusion of *common ground* and mythical pluralism. *International Journal of Psychoanalysis*, *86*(3), 627-632.

Houaiss, A. (2009). Crase. In A. Houaiss, *Dicionário Houaiss da língua portuguesa* (p. 189). Objetiva.

Marucco, N. C. (2012). A clínica contemporânea e suas raízes metapsicológicas freudianas. *Jornal de Psicanálise, 45*(83), 71-84. Recuperado de http://pepsic.bvsalud.org/pdf/jp/v45n83/v45n83a07.pdf

Mezan, R. (2002). Klein, Lacan: para além dos monólogos cruzados. In R. Mezan, *O enigma da esfinge*. Casa do Psicólogo. (Trabalho original publicado em 1988).

Morin, E. (2002) *O método: a natureza da natureza*. Meridional. (Trabalho original publicado em 1977).

Pontalis, J. B. (2012a). *À margem das noites*. Primavera Editorial. (Trabalho original publicado em 2010).

Pontalis, J. B. (2012b). *À margem dos dias*. Primavera Editorial. (Trabalho original publicado em 2003).

Urribarri, F. (2013). Posface. In A. Green, *Illusions et désillusions du travail psychanalytique*. Odile Jacob.

Viana, C. (2011). Cuidado com a Crase. *Língua portuguesa, 71*, 46-51.

Wallerstein, R. S. (2005). Will psychoanalytical pluralism be an endure state of a discipline? *International Journal of Psychoanalysis, 86*, 623-626. Recuperado de https://doi.org/10.1516/VJHB-7R8A-162R-B5WN

Widlôcher, D. (1988). Prólogo. In C. Yorke *et al.*, *A pulsão de morte*. Escuta. (Trabalho original publicado em 1984).

17. Dialeto e linguagem própria no diálogo psicanalítico[1]

Elena Ferrante é o pseudônimo de uma escritora italiana. A autora concede poucas entrevistas, todas elas por escrito e intermediadas pelas suas editoras italianas. Nelas, explica que optou pelo anonimato para poder escrever com liberdade. Especula-se, com base nas suas obras, que tenha nascido em Nápoles, uma vez que livros como a tetralogia *Série napolitana* trazem uma descrição detalhada da cidade e de seus costumes.

Escreve desde 1991, ano em que publicou seu primeiro romance, intitulado *L'amore molesto* – no Brasil, *Um amor incômodo* –, convertido em filme. A adaptação para TV da *Série napolitana*, bastante aclamada, foi feita pela HBO.

Em sua obra, alguns temas são recorrentes, como a infância, a maternidade, o casamento e as relações entre homens e mulheres.

---

1 Trabalho presentado em mesa-redonda no XXVIII Congresso Febrapsi, em maio de 2022, com o tema *Laços: o Eu e o mundo*.

Vou me valer do seu livro *Frantumaglia*, publicado em 2017, para considerar o processo de aquisição de uma linguagem própria na clínica e na instituição psicanalítica.

Nesse livro, Elena Ferrante traz trocas de correspondências com jornalistas, com os editores dos seus livros, com os diretores dos filmes baseados em suas histórias, e nos permite vislumbrar alguns detalhes do seu processo criativo: as alegrias e dificuldades da escrita e de onde vem a força de sua narrativa. Uma narrativa bastante original.

Por que *frantumaglia*? O que *frantumaglia* quer dizer? "Minha mãe me deixou um vocábulo do seu dialeto que ela usava para dizer como se sentia quando era puxada para um lado e para outro por impressões contraditórias que a dilaceravam" (Ferrante, 2017, p. 105).

O que, de fato, a mãe queria dizer com *frantumaglia* ela não sabia quando criança e ainda não sabe: "mas hoje tenho um catálogo de imagens que têm mais a ver com os meus problemas do que com os dela" (Ferrante, 2017, p. 105).

No decorrer de sua escrita, Elena Ferrante nos fala dos vários sentidos que essa palavra do dialeto de sua mãe foi tomando ao longo de sua vida. Cito alguns:

> *Uma instável passagem mental, destroços infinitos que se revelam com a verdadeira e única interioridade do eu. É governar aquele ruidoso estilhaçamento constante na cabeça, explorar aquele transformar-se em palavra. São pedaços e caquinhos cuja proveniência é difícil definir e que fazem barulho na cabeça. Ou é apenas o temor que minha capacidade de expressão se emperre e tudo o que aprendi a governar do primeiro ano de vida até hoje, comece a flutuar por conta própria, gotejando para fora do meu corpo que cada vez mais se torna coisa, um*

> *saco de couro que vaza ar e líquidos. (Ferrante, 2017, pp. 106-107)*

Elena Ferrante vai além do dialeto da mãe e desdobra *Frantumaglia* em inúmeros significados que dão sentido a si ao longo de sua vida.

Após a leitura desse instigante livro, me ocorreu desenvolver algumas considerações a respeito de dialeto e linguagem própria na vida e na experiência analítica.

Dialeto e linguagem própria

Dialeto, do grego, *diélktos*, significa conversa, conversação, discussão por perguntas e respostas, maneira de falar, linguagem própria de um país.

Dialeto é a forma como uma língua é realizada numa região específica. Trata-se de uma variação da linguagem. É o movimento comum e natural de uma língua, que varia principalmente por fatores históricos, geográficos e socioculturais. Dialeto é o depósito de experiências primárias.

No entanto, dialeto não deve ser confundido com sotaque.

O que caracteriza o sotaque é apenas a diferença de pronúncia dos falantes.

Elena Ferrante não usa a palavra *frantumaglia* com o mesmo sentido que a sua mãe dava para esse estado. Não a reproduz *ipsis litteris* infinitamente ou com um sotaque ligeiramente diferente. Tampouco a repudia, numa tentativa de eliminá-la para sempre do arsenal de suas experiências primárias.

Ela vai além do dialeto da mãe.

Uma linguagem própria parte do dialeto. Parte de um contexto histórico, da cultura da família na qual se é criado, do contexto geográfico e sociocultural que nos habita. Está alicerçada no patrimônio histórico de cada um, nas relações com o outro povoadas por amores e ódios, amizades, rivalidades, ciúmes, inveja, compaixão. É com uma linguagem própria que nos tornamos "personagens" de nossa própria história, genuínas "figuras" que representam nossa complexidade (Bollas, 1992/1998).

O que estou denominando linguagem própria tem estreita relação com o que Meltzer define como "pensar por si próprio". Uma aquisição que provoca um distanciamento de qualquer modelo predefinido que possa enclausurar o "eu" no "nós" (Meltzer & Williams, 1995, p. 268).

Linguagem própria é a expressão de um laborioso e fluido processo de ser o que se é no espaço e no tempo em que se está.

Ser quem se é está em constante transformação, e talvez fosse mais preciso falarmos em ser quem se é agora (Bollas, 1992/1998).

Um processo permeado por solidão, incerteza e um sentido inescapável de perseguição incipiente por parte do grupo: "é perceber com uma angústia muito dolorosa de qual multidão heterogênea levantamos nossa voz e em qual multidão heterogênea ela está destinada a se perder" (Ferrante, 2017, p. 106).

Ser quem se é agora é um processo constante que nos coloca lá onde a *frantumaglia* se faz ver e sentir.

Nesse processo em constante risco e transformação, a linguagem própria ora escapa, ora recua, ora avança, visto que se sustenta em um permanente movimento entre ter voz partindo do múltiplo e voltar nele e se perder.

Recorte de uma sessão de análise

Trata-se de um jovem de 15 anos.

Inicia contando que no sábado passou muito mal. Diz ter ficado muito incomodado com seu pai, que passou a tarde do sábado trancado no quarto com a namorada (companheira de vários anos): "Foi muito chato, me senti muito mal, eu não sabia o que fazer".

Disse que, lá pelas tantas, sem saber o que fazer, foi jogar no computador. Jogo de guerra:

> *Daí em diante tudo foi ficando muito estranho, tinha a impressão de que tinha entrado na tela, que estava lutando, matando e sendo perseguido de verdade! Fui ficando com muito ódio e me deu muito medo. Estava enlouquecendo. Tinha certeza de que estava enlouquecendo. Devia ser quase início da noite e percebi que estava com muito frio, depois comecei a suar, minha cabeça doía muito, pus a mão na testa e vi que estava com febre. Não sabia o que fazer. A dor de cabeça foi aumentando, já não conseguia mais continuar jogando e então resolvi bater no quarto do meu pai e pedir um remédio para a minha febre. Então meu pai saiu do quarto, me deu um remédio e ficou um pouco comigo.*

Continuou falando, gesticulando, esbravejando:

– Ficou quase o dia inteiro trancado no quarto com a namorada. Ele é um verdadeiro monstro, Vera, um monstro.

Quando se acalmou, relatou um sonho que teve no meio da noite.

Meu pai e minha mãe eram chefes de gangues mafiosas rivais. Estavam vestidos a caráter em posições opostas em uma ruela escura, como se fosse haver um duelo. Estavam com uma arma na mão. Eu estava bem no meio do caminho, entre eles. Se atirassem, quem iria morrer seria eu. Então eu me abaixei. Eles atiraram e os tiros mataram tanto o meu pai como a minha mãe.

Disse que acordou depois de sonhar e estava ardendo em febre.

A carga excessiva de ódio, de desejo de vingança e medo de enlouquecer provocou intenso trânsito entre o sensório somático e o psíquico.

Agitação. Estado confusional. Dor de cabeça. Frio. Sudorese. Febre. Sonho. Ardência.

No trabalho de sonho realizado pelo paciente, no sábado, entraram em jogo as relações entre defesa, desejo, angústia, morte e sexualidade. Isto é, os termos necessários a qualquer funcionamento psíquico desvendado por Freud enquanto se apoiava no mito de Édipo.

Mas vejamos as ressonâncias disso no aqui-agora da sessão.

É ancorado na livre associação de ideias e na atenção flutuante que o analista pode, ao mesmo tempo, se apoiar e se desprender do seu dialeto psicanalítico, numa tentativa de colocar em curso a exploração de uma linguagem própria na sessão.

A analista espera uma possível livre associação de ideias.

O paciente se remexe na cadeira situada em frente à da analista. Há tensão no campo analítico.

Então, em tom de lamúria, ele repete e repete:

– Ficou quase o dia inteiro trancado no quarto com a namorada. Ele é um verdadeiro monstro, Vera, um monstro.

Então se levanta da cadeira, vai até a janela e coloca o rosto bem colado ao vidro.

– Bem que podia estar chovendo, né? Eu gosto, desde criança, de ver os pingos escorrendo e se encontrando, engordando e escorrendo e desaparecendo.

– Gostaria que o que viveu e sentiu no sábado, e também agora, desaparecesse como inócuos pingos de chuva?

– Sei lá.

Diz este "sei lá" retornando para a poltrona. Senta-se e fica em silêncio por mais alguns minutos. Coloca as mãos na testa e diz:

– Acho que estou com febre. Será que estou com febre?

– O que está vivendo e sentindo agora está fazendo a temperatura subir?

Faz-se um breve silêncio e então ele diz:

– Estou com muito medo, estou com muito medo de virar um assassino.

Falou apressado e depois arregalou os olhos, como se estivesse assombrado com o que acabara de me dizer.

– O que te faz imaginar isso?

– Às vezes tenho vontade de matar meu pai, minha mãe, a namorada do meu pai. Mas não como no sonho, que basta eu me abaixar e eles mesmos se matam. Às vezes me vejo com uma metralhadora na mão, sabe aquelas metralhadoras bem potentes? Eu com uma delas na mão e aponto pro meu pai e depois pra minha mãe e depois pra namorada do meu pai. Aperto o gatilho e mato todo mundo. Depois eu viro as costas e saio andando como se nada tivesse acontecido.

Em seguida, ele pegou uma almofada, colocou- a na barriga e segurou-a bem firme com os braços. Avaliei este ato como uma necessidade de colocar um anteparo entre nós. Uma espécie de escudo contra invasão iminente.

Perguntei então se estava temeroso da minha reação frente ao que ele havia acabado de me dizer, se estava com medo de que iria invadi-lo com severos julgamentos.

Pausa

– Tenho uma amiga que a mãe é psicóloga, outro dia ela me falou de um tal de Freud. Falou que ele escreveu sobre um tal de Édipo. Sei lá... você deve saber melhor do que eu – coloca a almofada de lado –. É assim, o menino quer se casar com a mãe e para que isso aconteça ele mata o pai.

Fica quieto por alguns minutos.

– Mas comigo é diferente, eu quero matar meu pai, minha mãe e mais a namorada do meu pai. Será que eu sou tão mais louco do que esse tal de Édipo?

– Deseja aniquilar sua afiliação? Sem pai, sem mãe, sem madrasta.

– Sei lá... nem sei mais quem eu sou e o que eu quero. Se não tivesse nem pai e nem mãe acho que seria mais fácil, ninguém iria dizer o que devo fazer, como eu sou, como eu deveria ser, eu poderia ser eu mesmo e pronto. Isto sou eu e pronto.

– O que você é, neste momento, não tolera ser, pois te faz sentir que é louco. E o que consegue ser não te faz sentir como sendo você, de fato?

Nessa sessão, o "Édipo" que o paciente apresenta não é aquele descrito por Sófocles e que Freud privilegiou, transformando-o num mito de referência para a disciplina que estava em vias de criar. O paciente em questão não queria matar o pai para satisfazer seu desejo de ficar com a mãe. Seu desejo, na referida sessão, era ser um indivíduo autoengendrado, sem pai, sem mãe, sem família, para livrar-se de uma vez por todas do processo de identificações. Dessa forma, não se alienaria no desejo do outro e poderia, enfim, alcançar uma liberdade absoluta.

No entanto, não negou o triângulo edípico no qual estava enredado numa tentativa de eliminá-lo do arsenal de suas experiências primárias. O paciente expressou essa problemática em seus próprios termos, revendo a seu modo as suas próprias questões edípicas (o desejo de ser autoengendrado, sem pai, sem mãe, sem família). Um processo permeado "*por impressões contraditórias que o dilaceravam, uma instável passagem mental, um ruidoso estilhaçamento na cabeça*", (Ferrante, 2017, p.106) até se transformarem em palavras que revelam a verdadeira interioridade do seu eu. A interioridade de um adolescente dando sentidos próprios à linguagem materna, depósito de experiências primárias.

Avalio que há um apelo do paciente: se eu não me enquadrar no que já foi dito sobre Édipo serei considerado um louco por você, objeto primário, que sabe melhor do que eu? Isto é, podemos caminhar aqui sem recorrer ao predefinido, ao previamente estabelecido? Podemos alcançar aqui e agora um diálogo que favoreça a emergência da verdadeira interioridade do meu eu sem que eu seja considerado um louco?

Um apelo do paciente e uma provocação à analista para que sustente uma *isenção comprometida* (Schaffa/Herrmann, 2016) que favoreça o paciente a tornar-se sujeito da própria história e a analista sustentar um processo autoral:

> *Uma produção que não se pretende pura (ou dentro de aceitáveis padrões de pureza), nem abundante, mas simplesmente móvel: no sentido em que eu possa explorar as sugestões de cada analogia e o valor alegórico do discurso do meu paciente; em que, uma vez constituído um*

> *código de comunicação com o paciente, esse código seja usado e denunciado; em que, cada vez que uma ideia se consolide, possamo-la dissolver; em que a "técnica", ao ser usada, seja contestada pela própria interpretação que ela permitiu construir, demolida e refeita, num trabalho que ultrapassa, de muito, o da mera execução "tecnicamente correta". (Ferrante, 2017, p. 125)*

***

No processo de uma análise, trabalha-se com o *dialeto*, depósito de experiências primárias, buscando a compreensão dos sentidos inconscientes.

Ao mesmo tempo, na busca de uma *linguagem própria*, explora-se, a cada sessão, os sentidos de maneira criativa, relacionada ao ser e ao tornar-se.

Ser quem se é, agora, é uma *instável passagem mental* que coloca o analista e o paciente atravessados pela *frantumaglia* a cada sessão:

> *É governar aquele ruidoso estilhaçamento constante na cabeça, explorar aquele transformar-se em palavra, pedaços e caquinhos cuja proveniência é difícil definir e que fazem barulho na cabeça, é o depósito de tempo sem a ordem de uma história, de uma narrativa, ou é apenas o temor que a capacidade de expressão se emperre e tudo o que se aprendeu a governar do primeiro ano de vida até hoje, comece a flutuar por conta própria. (Ferrante, 2017, p. 107)*

Cabe aqui considerar os relatos de Britton, psicanalista britânico, a respeito dos conflitos entre comunicação autoral e afiliação que surgiram quando da escrita e publicação de conceitos que expandiam o complexo de Édipo teorizados por Freud e Klein.

Em um artigo intitulado "A ansiedade de publicar: conflito entre comunicação e afiliação", Britton (1994) examina em profundidade o efeito das fantasias e temores associados à publicação, mais especificamente, ao trabalho psíquico a ser realizado pelo autor na busca de uma linguagem própria.

O âmago do seu argumento é o confronto com o medo que se experimenta quando se está sob o peso da ancestralidade e comprometido com o laborioso trabalho de expressar os próprios pensamentos: medo de trair a própria afiliação, medo da rejeição dos pares, medo da recriminação e o subsequente exílio da comunidade. Traição, culpa e vergonha são experiências associadas a esse perigo.

No artigo "O elo perdido: a sexualidade parental no complexo de Édipo" (1992), Britton se autoriza um pensamento próprio em seus próprios termos, sem o desvio constante de referências aos seus renomados antecessores, que eram irrelevantes para as ideias apresentadas.

Dessa forma, apropria-se da sua produção intelectual e ele próprio se torna um elo na sucessão de ideias e autores da linhagem a que pertence (Pinto Chaves, 2012).

Britton parte do aprendido com seus antecessores e expande o conhecido com linguagem e pensamento próprios, aprofundando e articulando um conjunto de temas correlatos. Um processo, como ele mesmo nos conta, permeado por titubeios, recuos e avanços.

O diálogo psicanalítico com os pacientes e na comunicação com os colegas parte do dialeto. No contínuo entre dialeto e linguagem própria, transita-se pelo *mimético*, pelo *sotaque*, pelo *estereotipado*, pelo *dogmático*. O processo pode estagnar na *imitação*. De quando em quando, pode se estabilizar no *sotaque*, e o que se consegue é somente uma mudança na entonação. Pode deixar de ser verdadeira e ficar desprovida de autenticidade, transformando-se em um *estereótipo*, sem movimentação, sem alteração. Às vezes não vai além do *dogmático,* com tom doutoral.

A aquisição de uma linguagem própria é fugidia e, por isso mesmo, ativa continuamente o ato de criar novos sentidos para o já estabelecido. Aquele ato impulsionado por "pedaços e caquinhos cuja proveniência é difícil definir e que fazem barulho na cabeça" (Ferrante, 2017, p. 107).

Referências

Associação dos Membros Filiados (2014). Entrevista: Ronald Britton. *Jornal de Psicanálise*, *47*(87).

Bollas, C. (1998). *Sendo um personagem*. Revinter. (Trabalho original publicado em 1992).

Britton, R. (1992). O elo perdido: a sexualidade parental no complexo de Édipo. In J. Steiner (Org.), *O complexo de Édipo hoje: implicações clínicas* (pp. 70-85). Artes Médicas. (Trabalho original publicado em 1989).

Britton, R. (1994). A ansiedade de publicar: conflito entre comunicação e afiliação. *Jornal de Psicanálise*, *27*(52), 45-64.

Ferrante, E. (2017). *Frantumaglia: os caminhos de uma escritora*. Intrínseca.

Meltzer, D., & Williams M. (1995). *A apreensão do belo: o papel do conflito estético no desenvolvimento, na violência e na arte*. Imago.

Pinto Chaves, L. (2012). Tornar-se um autor. *Jornal de Psicanálise*, *45*(82), 59-74. Recuperado de http://pepsic.bvsalud.org/pdf/jp/v45n82/v45n82a05.pdf.

Schaffa/Herrmann (2016). Reflexões de menoridade: sobre a ética da formação psicanalítica. *Jornal de Psicanálise*, *49* (90), 107-128. Recuperado de http://www.bivipsi.org/wp-content/uploads/jp-2016-90-16.pdf.

18. Centelhas de areia na ampulheta do tempo[1]

Sem saber exatamente por onde, dia desses fui arremessada a um momento da minha análise que ocorreu muito, muito tempo atrás. Minha analista dizendo: "Você já leu *A montanha mágica*, de Thomas Mann, Vera? Hans Castorp, lá pelas tantas, diz que a vida é febre da matéria".

Tanto tempo depois e essa frase ressoando de novo. E sempre vem acompanhada da lembrança do semblante dela, do seu jeito de abrir a porta e me cumprimentar, da sua silhueta atrás de mim, do tom de sua voz, do seu jeito de se despedir, do cheiro do divã que acomodava tantas inquietações, temores, horrores, alegrias, tristezas, esperanças, delírios.

Fiquei impactada quando ouvi: "A vida é febre da matéria". E até hoje. Às vezes me lembro melhor desse momento, outras, fica evidenciada minha capacidade de esquecer.

---

1 Texto publicado na seção "Ressonâncias da Entrevista", na *Revista Ide*, 42(69), 19-20, jan./jun. 2020.

Não consigo saber com certeza qual mundo eu habitava quando ela me contou sobre Hans Castorp, mas é possível que estivesse mergulhada num profundo sentimento oceânico, repleta de sensação de eternidade.

Foi assim?

Eu passeando calmamente em meu delírio de imortalidade, e ela, com voz mansa e firme, me lançando nos horrores da vida gélida, esticada entre calores e febres?

Confesso que na época comprei *A montanha mágica* e, apesar do esforço, não consegui ir além das primeiras cem páginas. Fiquei entediada com a longa descrição da subida de Hans Castorp à *montanha*.

Foi assim?

O meu medo desmesurado da vida e da morte, medo de tempos imemoriais, quase impalpáveis, sendo embatido pelo pequeno e imenso contraponto dela?

Então foi isso?

Eu imersa no meu devaneio de repouso eterno e ela evocando em mim uma realidade imprevista e intrometida da qual até hoje desejo parar de lembrar e que graças a Deus não paro?

Tempos depois, num tempo que já passou há muito tempo e que mal acabou de começar, retornei à *Montanha mágica*.

A cada intercâmbio entre furor e reconciliação penosa com a vida e com a morte, uma escrita a mais: o que é vida, o que é morte, o que é simulacro de vida, o que é simulação de morte. Cada vez faltando um pedaço e mais outro e outro mais.

19. Desejas a imortalidade?[1]

Morreu Ivan Ilitch!

Num dia burocrático qualquer, como tantos outros no Ministério da Justiça, Piotr Ivânovitch anunciou: Ivan Ilitch morreu.

Ivan Ilitch era colega dos que estavam ali, no vasto edifício do foro, discutindo sobre o célebre caso Krassov.

Ao ouvirem a notícia, o primeiro pensamento de cada um dos que estavam reunidos no gabinete versou sobre a influência que essa morte poderia ter sobre as transferências ou promoções tanto dos próprios juízes como dos seus conhecidos.

Mais tarde, durante o velório, a viúva de Ivan Ilitch, numa conversa particular com Piotr Ivânovitch, apesar do desgosto de ter perdido o marido em circunstâncias de tanto sofrimento, deseja saber como obter dinheiro do Tesouro, em consequência da morte do marido. A viúva conta a Piotr a dor de Ivan nos últimos dias de sua vida. Por um instante, Piotr considera que não estaria

1 Texto publicado na *Revista Ide*, 42(70), 237-244, jul./dez. 2020.

isento de sofrer o mesmo e "por um momento ficou apavorado" (Tolstói, 2009, p. 25).

No entanto, não dando mais chances àquela atmosfera deprimente, se retira, lembrando-se de que logo mais à noite estaria reunido com os demais colegas que também estavam no velório, para um carteado. Assim, seus olhos se fecham para o universo real da morte, para o serviço fúnebre e para o odor de decomposição do corpo.

Outras figuras transitam pela casa do morto, onde ocorria o velório. A filha de Ivan Ilitch, assim como a mãe, deseja que aquele momento macabro termine e a vida prossiga sem qualquer marca da existência da morte. Num contraponto, encontramos o filho mais novo, o único da família que parece estar comovido, e Guerássim, o camponês que cuidou de Ivan Ilitch durante seu adoecimento, e que parece não recusar, como os demais, a olhar a morte nos olhos: "é a vontade de Deus. Para lá iremos todos" (Tolstói, 2009, p. 28).

Assim começa a novela *A morte de Ivan Ilitch*, escrita por Tolstói em 1886.

Afinal, quem é esse Ivan que nos foi apresentado logo de início como um cadáver?

Segundo de três filhos, era um homem de muitas posses, alegre, gentil e sociável, mas severamente cumpridor daquilo que considerava seu dever.

No desempenho da função de juiz, Ivan Ilitch jamais abusou dessa autoridade e prontamente assimilou "os meios de afastar de si todas as circunstâncias estranhas, bem como os de enquadrar mesmo os casos mais complicados numa forma graças à qual se apresentassem no papel apenas externamente, excluído de todo o ponto de vista pessoal" (Tolstói, 2009, p. 22).

Com esse ditame, Ivan Ilitch construiu uma vida achatada, na qual as aparências do mundo exterior eram plenamente acopladas ao seu mundo interior. Sua alma constituía-se no que ele exibia na vida exterior. Ivan tinha uma incrível habilidade para "separar o lado oficial, sem misturá-lo com a vida real" (Tolstói, 2009, p. 49).

Ivan não apresentava gradações, nuances, diferentes matizes em sua personalidade. Uma "radiografia" de sua interioridade não exibiria nenhuma diferença significativa com seu mundo exterior.

Depois de dois anos de serviço e numa nova cidade, conheceu aquela que viria a se tornar sua esposa. Era a moça mais atraente, brilhante e inteligente do seu circuito social.

Ivan não tinha uma intenção clara de se casar, "mas quando a moça apaixonou-se, formulou para si mesmo a seguinte pergunta, por que, realmente, não casar?" (Tolstói, 2009, p. 23).

Ivan Ilitch casou-se: "casou-se e, mais uma vez, executou aquilo que as pessoas mais altamente qualificadas consideravam correto" (Tolstói, 2009, p. 23).

No entanto:

> *Pouco depois, não mais do que um ano após o casamento, Ivan Ilitch compreendeu que a vida familiar, embora apresentasse algumas comodidades, constituía, na realidade, uma coisa muito complexa e penosa, perante a qual, para cumprir o seu dever, isto é, levar uma vida digna e aprovada pela sociedade, era preciso desenvolver certas relações, do mesmo modo como perante o próprio serviço público. (Tolstói, 2009, p. 25)*

Passou então a exigir da vida conjugal apenas o conforto que o casamento podia oferecer: refeições caseiras, cuidados de casa e de cama e, principalmente, o decoro na aparência, determinado pela opinião pública.

Após a vinda dos filhos, a mulher passou a ficar cada vez mais zangada e resmungona, mas a forma como Ivan Ilitch elaborou sua vida familiar tornava-o "quase impenetrável aos resmungos dela" (Tolstói, 2009, p. 26).

O objetivo de Ivan Ilitch era livrar-se cada vez mais dessas contrariedades e tornar-se quase totalmente inócuo a elas. Foi alcançando esse intento passando cada vez menos tempo com a família.

Assim passaram dezessete anos de casados, quando ocorreu uma situação de intenso desagrado: ele não recebeu o cargo de juiz presidente numa cidade universitária. Foi um ano penoso na vida de Ivan Ilitch, prontamente solucionado. Viajou para Petersburgo a fim de pedir um cargo com ordenado de cinco mil, passar para outro Ministério e castigar aqueles que não o apreciavam.

Seu intento foi bem-sucedido. Conseguiu um cargo no Ministério da Justiça. Ficou dois graus acima de seus colegas, com um salário de cinco mil rublos e uma ajuda de custo de três mil e quinhentos.

Então passou a se dedicar com entusiasmo à decoração e organização do novo lar:

> *Teve a sorte, principalmente de poder comprar barato certas antiguidades, que emprestavam à casa um ar pronunciadamente aristocrático. [...] na verdade, havia ali o mesmo que se encontra nas casas de gente remediada, mas que pretende aparentar opulência e apenas consegue que se pareçam extraordinariamente umas com as outras [...] enfim, tudo aquilo que as pessoas de certa classe possuem para parecer com as pessoas da mesma classe. A casa de Ivan Ilitch era uma perfeita*

> *imitação, mas ele a achava absolutamente original. (Tolstói, 2009, p. 30)*

Mobiliar a casa e adorná-la para causar estarrecimento nos colegas e na família consumia bastante de seu tempo.

Ivan Ilitich construiu para si um mundo alucinado, uma realidade simulada desprovida de qualquer afeto, criatividade e imaginação. Criou um mundo feito de um emaranhado burocrático, exterminando todo e qualquer valor humano de seu campo sensível, transformando sua existência em uma "coisa", materialmente calculável, um produto com valor de mercadoria. Amizade, gratidão, verdade, por não conterem valores calculáveis, tornaram-se um insumo para a produção, a serem comercializadas como produto de troca.

O pilar de sustentação desse permanente processo de desumanização foi a negação mortífera da realidade da Morte. Negou a Morte e se enclausurou em um mundo restrito ao valor de mercadoria, pois a constatação da finitude o limitaria e o oprimiria com ameaças de desamparo, desbancando sua onipotência e arrogância.

No entanto, certa feita, Ivan Ilitch subiu em uma escada para mostrar a um serviçal como queria que o serviço fosse feito, tropeçou e caiu: "o machucado lhe doeu, mas a dor passou logo" (Tolstói, 2009, p. 31).

As dores foram se tornando cada vez mais fortes e insuportáveis, a princípio como um gosto esquisito na boca e uma sensação desagradável no estômago.

Daí em diante vamos presenciando a "queda" de Ivan Ilitch.

A partir da "queda", não dava mais para negar a morte e todo o seu cortejo: fragilidade, vulnerabilidade, desamparo. Sua interioridade começou a jorrar.

A sensação do lado esquerdo do estômago foi piorando, deixando-o desanimado e irritadiço. O agravamento da doença levou-o a consultar um médico, embora não tenha havido um diagnóstico específico da patologia.

A doença de Ivan evoluiu. Com o agravamento do quadro e a consciência de sua finitude, o desespero não o largava mais: "Sabia, no fundo da alma, que estava morrendo, mas não só não se acostumara a isto, como simplesmente não a compreendia" (Tolstói, 2009, p. 49).

Sua existência, construída sob o crivo da negação da morte, não favorecia de modo algum compreendê-la. É certo que admitia que os homens são mortais, mas de modo algum em relação a si mesmo.

Tentava negar a sua situação e a iminência do fim, buscando outros pensamentos para colocar no lugar desses:

> *Não conseguia compreender e procurava enxotar esse pensamento, como falso, incorreto, doentio e repeli-lo por outros pensamentos, corretos, sadios. Mas esse pensamento, e não só o pensamento, mas como que a própria realidade, voltava e estacava diante dele. E ele convocava, um após o outro, pensamentos que substituíssem aquele, na esperança de encontrar neles apoio. Tentava voltar aos velhos caminhos do pensamento, que ocultaram para ele anteriormente a ideia da morte. Mas, fato estranho, tudo o que antes ocultava, escondia, anulava a consciência da morte, não podia mais ter este efeito. (Tolstói, 2009, p. 50)*

No entanto, a morte se apresentava de maneira incontestável:

> *Chorou por sua solidão, seu desamparo, pela crueldade do ser humano, a crueldade de Deus e a ausência de*

> *Deus [...] até que pensou e não só parou de chorar, como reteve a respiração e ficou atento: estava ouvindo, parecia, não uma voz externa, mas a voz de sua alma, ouvia as ondas de seus pensamentos que levantavam dentro dele. 'O que é que você quer?', foi a primeira coisa possível de ser traduzida em palavras que ouviu. O que você quer? O que você quer?', repetia a voz. 'O que eu quero? Parar de sofrer. Viver', respondeu. E novamente pôs-se a escutar com tamanha atenção que nem mesmo sua dor conseguiu distraí-lo. Viver. Viver como? perguntava a voz. Ora, viver como antes – viver bem, agradavelmente. Como vivia antes? Bem e agradavelmente? indagou a voz. (Tolstói, 2009, p. 66)*

Começou a repassar em sua imaginação os melhores momentos de sua agradável vida. No entanto, estranhamente, nenhum desses melhores momentos de sua vida tão agradável agora lhe pareciam o que pareceram na época – nenhum deles, exceto as primeiras lembranças de infância. Na infância, lembrava-se, havia alguma coisa realmente agradável com a qual seria possível viver, se pudesse recuperá-la. No entanto, a pessoa que conhecera essa felicidade já não existia; era como a lembrança de outra pessoa.

Quanto maior a dor, o sofrimento e o medo da morte, mais sua consciência era ampliada. Tudo agora parecia trivial e até repugnante. As alegrias frugais pareciam-lhe agora duvidosas e sem sentido. Lembrou-se de momentos verdadeiramente bons, da época em que era estudante de Direito, quando havia alegria, amizades e esperanças. Nos primeiros anos de sua carreira oficial, os bons momentos foram desaparecendo. O desencanto de um casamento infeliz, a preocupação com o dinheiro. Daí sua fatídica reflexão:

> *É como se eu tivesse descendo uma montanha, pensando que a galgava. Exatamente isto. Perante a opinião pública, eu subia, mas na verdade, afundava. E agora cheguei ao fim – a sepultura me espera – o casamento, um mero acidente e, com ele, a desilusão, o mau hálito da esposa, a sensualidade e a hipocrisia. E a monótona vida burocrática, as aperturas de dinheiro, e assim um ano, dois, dez, vinte, perfeitamente idênticos. E, à medida que a existência corria, tornava-se mais oca, mais tola. É como se eu tivesse descendo uma montanha, pensando que a galgava. Exatamente isto. Perante a opinião pública, eu subia, mas na verdade, afundava. E agora cheguei ao fim – a sepultura me espera. (Tolstói, 2009, p. 67)*

Com a presença da morte se intensificando, Ivan Ilitich constata que "há um ponto de luz lá longe, no início da vida, mas, depois disso, tudo foi ficando cada vez mais negro e afastando-se cada vez mais, em proporção inversa à distância que me separa da morte" (Tolstói, 2009, p. 70).

A morte de Ivan Ilitch retrata com aguda profundidade a relação entre a negação da finitude e a criação de um simulacro de vida. Ivan Ilitich nos é apresentado no início como um cadáver. Com o desenrolar da história, vamos percebendo que os que estavam vivos no velório estavam tão mortos como aquele que já havia morrido.

Impossibilitado de existir em um mundo onde a morte existe, Ivan Ilitch criou uma simulação de existência que o fez perder a própria sombra, que o condenou "a uma atividade branca, a uma socialidade branca, ao embranquecimento do corpo, do cérebro, da memória, a uma assepsia total" (Baudrillard, 2003, p. 51).

Ivan Ilitch construiu uma gigantesca manobra cirúrgica de negação da morte que obliterou seus mecanismos de sonho, seu desejo, sua paixão, criando lugar para a intensificação dos processos que geraram uma existência calcada na produção. Compaixão, solidariedade e verdade perderam o valor de partilha e passaram a funcionar de forma calculada em uma órbita sobre si mesmo. O que não era calculável e lucrativo foi expurgado.

Com Galy Gay, protagonista de *Um homem é um homem*, na peça de Bertold Brecht (2007), a morte aparece no fim do processo de uma vida fictícia. Num rito avassalador e impiedoso, Galy Gay celebra o próprio funeral, sem ter meios para retroceder.

Tolstói, por sua vez, oferece um antídoto para a criação de um simulacro de vida, ao conceder a Ivan Ilitch a oportunidade de reumanizar-se mediante a proximidade do fim. Com apenas algumas semanas de vida, reconheceu que teve uma existência exteriormente respeitável, mas interiormente estéril. Avaliou seu passado, sua vida em família, sua educação e sua ascensão profissional. Por fim, descobriu que tudo o que fez foi motivado pelo desejo de parecer importante aos olhos dos outros.

O processo de reumanização de Ivan implicou permanente sondagem da morte. O reconhecimento da existência da morte agudizou sua mente, tornando possível emergir a lastimável e dolorosa perda de uma vida que poderia ter se alimentado de amizade, gratidão, beleza, verdade.

Guerássin, o camponês e enfermeiro, era o único que lhe confortava nesse doloroso processo.

Era o único a compreendê-lo e a compadecer-se dele:

> *Guerássim era o único a não mentir, tudo indicava que também o único a compreender do que se tratava, e que não considerava necessário escondê-lo, e simplesmente tinha pena do patrão fraco, em vias de se acabar. De*

> *uma feita, até disse francamente, quando Ivan Ilitch o mandava embora: Todos nós vamos morrer. Por que então não se esforçar um pouco? – expressando assim que o trabalho não lhe pesava justamente por ser feito para um moribundo, e que tinha esperança de que também para ele alguém faria aquele trabalho, quando chegasse o seu dia. (Tolstói, 2009, p. 57)*

A presença prestativa e gentil de Guerássim acalmava e comovia profundamente Ivan Ilitch.

Foram três meses de intensa agonia, dependente de auxílio para tudo, inclusive para as constrangedoras necessidades fisiológicas. Sem que ninguém visse, "chorava a sua impotência, a sua terrível solidão, a crueldade de Deus, que o abandonava" (Tolstói, 2009, p. 57).

Vulnerável, clamava por piedade e, em silêncio, nutria um desejo inconfessável para um homem de respeito: queria ser cuidado, beijado, que o acarinhassem e o consolassem como se fosse uma criança.

Na sua relação com Guerássim havia algo próximo disso, e Ivan Ilitch se acalmava. Na companhia desse camponês arraigado no implacável ciclo natural da vida – nascimento, evolução, involução e morte –, Ivan conseguia suportar a "queda".

***

Finalizando a escrita deste ensaio, me vem subitamente a lembrança de um final de tarde quando iniciava uma supervisão com Judith Andreucci. Logo no início, ela me perguntou:

– Você está ouvindo esta cantoria que está vindo de fora? Ontem morreu o líder da igreja, logo ali – ela aponta uma construção que podia ser vista de sua janela –, desde então estão ritualizando sua passagem com vários coros.

Após um breve silêncio, ela me perguntou:

– O que você pensa sobre a morte, Vera?

Imediatamente comecei a relatar sem parar a sessão que havia escrito para ser supervisionada por ela. À semelhança de Ivan Ilitch, naquele momento, escapei para o protocolar, para a superfície do que nos trazia ali naquele exato momento: conversar sobre o relato de uma sessão de análise.

Judith delicadamente não insistiu, e prosseguimos com o que estava ali para ser feito: a supervisão.

Era evidente que eu não estava preparada para falar sobre a morte. Nem sobre a morte do outro e muito menos sobre a minha própria.

Agora, muito, muito tempo depois, lembro-me desse momento com pesar. Como seria bom travar uma considerável conversa com a Judith sobre a morte!

E me pergunto: somos todos nós, em certa medida, Ivan Ilitchs?

Referências

Baudrillard, J. (2003). *Transparência do mal: ensaio sobre os fenômenos extremos*. Papirus.

Brecht, B. (2007). *Um homem é um homem*. Autêntica.

Tolstói, L. (2009). *A morte de Ivan Ilitch*. Editora 34.

20. Notas sobre o tédio[1]

No texto "Luto e melancolia", Freud (1915), introduz o termo melancolia como uma forma patológica do luto. Para ele, no trabalho de luto o sujeito consegue desligar-se progressivamente do objeto perdido. Na melancolia, ao contrário, o sujeito se supõe culpado pela morte acontecida, nega-se e se julga possuído pelo morto ou pela doença que acarretou sua morte. O eu se identifica com o objeto perdido, a ponto de ele mesmo se perder no desespero infinito de um nada irremediável.

A identificação do eu com o objeto perdido acaba gerando apatia, torpor e ausência de sentido à existência, assim como ocorre com um eu dominado pelo tédio. No entanto, no tédio não encontramos lamentos, incriminalização e culpabilização.

O tédio diz respeito à perda do significado pessoal diante da vida, do mundo e da realidade. Resulta dessa perda sentimento de vazio, desânimo, falta de vontade de realizar atividades rotineiras, desinteresse pela realidade vivida.

---

1 Publicado no blogue de psicanálise da SBPSP em 17 de abril de 2019. Recuperado de https://www.sbpsp.org.br/blog/notas-sobre-o-tedio/

Sob o domínio do tédio, o eu se vê esvaziado de significado pessoal à existência. O tédio revela o tempo que nos arrasta para um mundo desprovido de significação e esvaziado de sentido.

Vou me valer do segundo episódio da primeira temporada do seriado *Black mirror*, intitulado "Fifteen million merits", para ilustrar a vida e as relações de indivíduos sob a égide do tédio.

Quinze milhões de méritos

Ambientado em um futuro *high-tech*, o episódio traz como protagonista o jovem Bing (Daniel Kaluuya), apenas mais um entre milhões de indivíduos autômatos que habitam uma colônia onde nada fazem além de pedalar em bicicletas geradoras de energia.

Energia consumida pela sociedade e pelos próprios "pedaladores".

A única maneira de se distrair é assistindo a infindáveis programas de TV ou adquirindo novos aplicativos para serem utilizados em seus avatares.

Quanto mais pedalam, mais *merits* conseguem em troca. Todos brigam para ter mais *merits*, pois assim têm a chance de dar um *upgrade* em seus avatares, comprar aplicativos diferentes e também ignorar anúncios que aparecem a qualquer momento em seus quartos.

O contato interpessoal é praticamente nulo

Um dia chega ao local a bela Abi (Jessica Brown Findlay), que, de imediato, chama a atenção de Bing. Ele se sente atraído por ela, mas não chegam a conversar, até o dia em que ele a ouve cantar e fica impressionado com sua voz. Então, cria coragem e vai ao seu encontro.

Bing estimula Abi a participar do show de calouros para que mostre seu talento, mas ela não tem *merits* o suficiente para comprar sua participação. Ele lhe oferece os seus e a presenteia com 15 mil *merits*.

Ser bem-sucedido em um *reality show* é a única maneira de sair da colônia, ou seja, parar de pedalar para gerar energia e morar em um quarto maior e mais bem equipado com *black mirrors*.

Abi consegue ir ao show de talentos, o programa de calouros *Hot Shots*, que faz lembrar os *realities American Idol* ou *The Voice*. Após uma brilhante apresentação, os jurados dizem sarcasticamente que, embora seja muito bonita e capaz de gerar pensamentos maliciosos, sua voz é mediana.

Propõem que ela trabalhe no canal erótico ou volte para a colônia. Ela decide aceitar, já que não sabe se terá outra oportunidade de sair de lá um dia.

Inconformado com o destino de Abi, Bing começa a trabalhar na bicicleta e reduz seus gastos para também ir ao show de calouros. Faz inicialmente uma apresentação de dança e então, aos berros, saca um pedaço de vidro que conseguiu ao quebrar uma das telas de LCD de seu quarto, após um ataque de raiva. Frente ao jurado e à plateia, Bing ameaça se cortar caso não o escutem.

Após discursar de forma incisiva e vigorosa sobre a falta de intimidade e privacidade e a vida controlada da colônia, os jurados oferecem um programa só para ele em um canal da colônia.

Bing se torna uma espécie de herói que expõe críticas sobre o sistema, sempre com o pedaço de vidro nas mãos. Mas o seu discurso, programa após programa, a sua fala estridente e violenta, torna-se uma *performance*. Não promove reflexão e pensamento. Uma espécie de válvula de escape para a colônia.

Está assim instituído um campo fértil para a proliferação do tédio e de ferramentas poderosas para se livrar dele: extremismo e excitabilidade.

> *Numa cultura determinada por pura funcionalidade e eficiência, o tédio dominará porque a qualidade do mundo desaparece na visibilidade extrema que tudo engloba. Numa cultura assim, experimentos com sexo e drogas – ou fugas para o nevoeiro de uma nova religião – parecerão tentadores, porque parecem oferecer uma maneira de escapar de uma vida cotidiana penosamente entediante e de descobrir novos horizontes bem mais excitantes. O triste é que esses excessos nunca conseguem satisfazer o anseio de que se originaram. (Svendsen, 1999, p. 96)*

"Quinze milhões de méritos" evidencia uma ética contrária à reflexão em um mundo povoado por "pedaladores". Resultam daí relações estáticas e estereotipadas que não promovem experiências significativas, gerando cada vez mais esgotamento dos sentidos e indiferença perante a vida.

No entanto, o tédio não é em si um sinal de psicopatologia.

O tédio é um fenômeno tipicamente humano que carrega em seu bojo a noção de subjetividade enquanto manifestação da consciência de si, demandando sentido à vida e significado pessoal à existência.

Frente à sensação de vacuidade, o tédio estimula a busca de sentido e significado à existência.

Reconhecer o tédio como uma presença não necessariamente insuportável possibilita que o transformemos em fonte de sentido para a vida. Ao tentar anulá-lo a qualquer custo, corre-se o risco de uma existência insignificante, povoada por extremismo e excitabilidade.

Gradativa e penosamente, o tédio pode ser suportado, e em função disso ocorrer um reinvestimento no seu par antitético: a curiosidade. Curiosidade que nos move em busca de conhecer o modo como nos colocamos diante de nós mesmos, diante dos outros e diante do mundo em que vivemos para dar sentido ao que somos e ao que nos acontece.

Referências

Freud, S. (1990). Luto e melancolia. In S. Freud, *Edição standard brasileira das obras psicológicas completas de Sigmund Freud* (Vol. 14). Imago. (Trabalho original publicado em 1915).

Lamanno-Adamo, V. L. C. (2017). Tédio, luto e melancolia. *Revista Brasileira de Psicanálise*, 51(3), 79-89. Recuperado de http://pepsic.bvsalud.org/pdf/rbp/v51n3/v51n3a06.pdf

Svendsen, L. (1999) *Filosofia do tédio.* Jorge Zahar.

21. O analista, o cineasta e a arte de esculpir tempos[1]

Tempos atrás assisti a *Esplendor*, filme de Naomi Kawase (2017).

Começa assim: uma jovem descreve tudo o que acontece à sua volta, pessoas na rua, carros barulhentos, todas as coisas corriqueiras de uma vida na cidade. Logo descobrimos que ela estava exercitando o seu trabalho: descrever ações. É uma audiodescritora de filmes para deficientes visuais. Seu trabalho consiste em transpor a beleza das imagens em palavras, para que todos possam senti-las verdadeiramente.

Nas sessões de teste, ela recebe as opiniões de uma plateia voluntária sobre a adequação do texto e conhece um homem mais velho que está perdendo lentamente a visão. Inconformado com a perda da visão, algo realmente custoso para quem trabalha tão diretamente com imagens, ele encontra alento na jovem audiodescritora, alguém que lhe permite enxergar por meio de outros recursos.

1 Texto publicado na *Calibán, Latin American Journal of Psychoanalysis*, *18*(2), 2020.

Há um embate, a princípio, mas ao mesmo tempo um fascínio entre eles.

O encontro evoca dores de perdas vividas, a possibilidade de se reconectarem ao passado e seguirem adiante.

A aproximação dos dois se dá pelo aprendizado de compreender o mundo por meio de formas não convencionais, utilizando outros sentidos, outras perspectivas.

De imediato, a história da jovem audiodescritora e do fotógrafo que estava perdendo a visão me remeteu ao que ocorre em um encontro analítico. Semelhante ao que se evidencia em *Esplendor*, há o esforço para transpor em palavras as imagens evocadas, há o embate, há o reencontro com dores e perdas passadas e tentativas de utilizar sentidos não convencionais para encontrar outras perspectivas.

Há tempos psicanálise e cinema demostram uma fértil conjugação. Esses dois universos compartilham uma mesma questão. Imagens, palavras e vivências são constantemente reinventadas e rememoradas. Emoções são suscitadas, quer seja pela técnica de construção da cena cinematográfica e seu efeito no espectador, quer seja pela técnica psicanalítica e seu efeito no paciente.

O que ocorre em uma sala de cinema e em uma sala de análise pode fascinar, interrogar, surpreender, angustiar, fazer lembrar, assustar, causar horror.

À semelhança do cineasta, o psicanalista é também um explorador da existência. Que mundo esta pessoa habita? Em que tempos e espaços? O que é a existência desta pessoa, em que reside sua poesia ou a falta dela? Como esta pessoa transita no jogo constante entre sexualidade e agressividade, ilusão e desilusão, mentira e verdade?

Assim como o cineasta, o psicanalista se interessa pelas genealogias do amor, pelo poder do desejo, pelos subprodutos da paixão, oferecendo um sentido profundo e intenso às coisas simples ou mesmo empobrecidas da vida, e indaga sobre a insuperável capacidade de invenção do ser humano, de poder brincar com símbolos, invertê-los, substitui-los, experimentá-los.

Não seria essa a essência da arte cinematográfica e também da psicanálise: a chama que mantém sempre acesa as mais variadas expressões de todos os pontos de vista sobre a vida e sobre a morte em distintos tempos?

Imagem, imagem e ação, imaginação

Conforme o filme *Esplendor* foi fertilizando minha imaginação, não pude me desfazer da instigante ideia de tecer um paralelo entre o ofício do analista e o do cineasta na sua função de construir tempos e enredos partindo de imagens.

A narrativa nasce de figura.

A narrativa torna-se figura.

Uma transformação complexa, essa, colocar palavra e enredo a partir e por meio de imagens.

Ao comentar a primeira apresentação pública do cinematógrafo, dois dias antes no Grand Café do Boulevard des Capucines, o jornal parisiense *La Poste* o descrevia como algo "tão grande como se possa imaginar" e que nessa tela aparecia "em tamanho natural ou reduzido, de acordo com a dimensão da cena, um bando de trabalhadores, trabalhadores com bicicletas, cachorros correndo, automóveis, tudo se agitando e se movendo. É a vida, é o movimento ao vivo" (Avellar, 1982, p. 12).

O tamanho da tela era bem pequeno se comparado às telas de cinema que temos hoje, o filme era em preto e branco, mas os espectadores, extasiados pela grande novidade, viram cores e tamanhos naturais.

> *O filme é bem isto mesmo, algo que se faz de imagens e sons, algo que se faz a partir do registro de ações vivas, e que nos faz imaginar que ali na tela está mesmo uma coisa viva de verdade. Às vezes o que conta é quase só a imagem e o som, a ação registrada na imagem sendo menos importante que o modo de registrar. Às vezes o que conta é quase só a imagem e a ação, o modo de registrar sendo pouco ou nada importante em função do peso dramático das palavras e dos gestos dos personagens. Às vezes ainda o que parece importar é só a imaginação, o estímulo que vem das coisas visíveis no filme para que o espectador invente um novo imaginário. (Avellar, 1982, p. 12)*

O analista é espectador e participante da "montagem" de uma sessão, às vezes coloca em foco as imagens e sons, outras vezes sua atenção volta-se para a imagem e ação, certas ocasiões o que importa é a imaginação fluida na livre associação de ideia e na atenção flutuante.

Um movimento vivo e ao vivo em um local semelhante ao de uma sala de cinema, silêncio, pouca luz, divã e poltronas confortáveis.

Certo dia, a paciente entrou como de costume e acenou com um cordial bom-dia.

Deitou-se no divã, enquanto a analista acomodou-se em sua poltrona.

A analista aprumou as almofadas nas costas. Fez isso mais de uma vez. Não estava se sentindo confortável.

A paciente está imóvel no divã, "não tenho nada para falar hoje".

Nada a dizer.

A paciente deita-se de lado e fica de frente para a parede.

A analista tenta, uma vez mais, uma posição mais confortável em sua poltrona.

Nada de palavras.

Há uma tensão. A paciente se mexe e o divã emite um ruído.

A analista nunca havia percebido esse barulho estranho em seu divã.

O olhar da analista comprime a extensão do foco e coloca no seu plano de observação a paciente emudecida, o ruído no divã e o seu desajeito com a almofada de sua poltrona.

Na sessão seguinte, a paciente deita-se no divã, diz que não tem nada para falar. Permanece na analista o desconforto com a sua poltrona.

No próximo encontro, algo distinto acontece. A paciente deita-se e nada a dizer, mas desta vez a analista é acometida por uma imagem.

A analista é inundada pela imagem de uma mulher parada na calçada, imobilizada pelo trânsito intenso de carros indo e vindo. Parece não conseguir atravessar a rua. Está de costas e segura em uma de suas mãos um guarda-chuva.

Em seguida, a analista lembrou-se de Gabriel García Márquez (1995) contando sobre uma cena que lhe tocou e inspirou a escrever um conto. Trata-se de uma foto do enterro de Hirohito. Nela aparece sua esposa. Fora de foco há guardas e uma multidão com guarda-chuvas. No centro da foto, totalmente vestida de negro, aparece a imperatriz. Por um momento, Gabriel García Márquez ficou unicamente com a imagem da imperatriz debaixo da chuva, solitária e muito magra. Em seguida, a única coisa que via era a imagem do guarda-chuva, e ficou convencido de que existia uma história nesse guarda-chuva.

Logo depois, a mente da analista é tomada pela imagem de um quadro de Magritte: um guarda-chuva aberto sustentando um copo com água. Objetos com funções opostas: o copo retém a água e o guarda-chuva a repele.

Figurabilidade no processo analítico equivale ao trabalho onírico resultando numa forma particular de pensamento, uma capacidade emergente do analista que possibilita traçar ligações e tirar a palavra dos escombros do ocultamento.

E como transformar essas imagens em uma narrativa que possa desencadear outras lembranças, afetos, pensamentos, sonhos?

Narrativa

Após algum tempo tentando organizar o fluxo das imagens que jorraram em sua mente, a analista, numa tentativa de ouvir o ainda inaudível, disse: "quem sabe algo muito sofrido esteja te calando fundo".

Depois de longo silêncio, a paciente diz que não está conseguindo pensar em nada.

Na sessão seguinte, deita-se no divã e vai logo dizendo: "tive um sonho".

Relata uma imagem concisa: um muro alto, cinza, construído com pedras antigas. Na livre associação de ideias, diz que o muro se assemelhava ao Muro das Lamentações. Conta ter visto este muro em uma imagem que mostrava Jerusalém. Diz que ficou muito tocada com tantas pessoas colocando, nas fendas do muro, um papel dobrado com pedidos e esperanças.

Lamentação, pedidos, esperança.

A paciente lembra- se, então, do enterro da mãe, quatro anos atrás.

Ela estava estudando no exterior, a mãe teve uma morte abrupta e não deu para ela vir nem no velório e nem no enterro: "Estranho. Não me lembro de nada. Às vezes me pego num atordoamento. Será que tudo isso é sonho? Aconteceu de fato?".

A morte repentina da mãe e o fato de não ter conseguido estar presente no enterro lançaram-na em um nada sem fundo. Não sabia mais onde procurar, perseguia a lembrança, mas sua mente estava perdida na escuridão.

O até então impronunciável começa a alcançar uma linguagem em um trabalho sequencial de movimento entre representações e memórias, permitindo um fracionamento gradual da dor, do pesar e da saudade.

Rememorou e reviveu durante um longo período da análise, em idas e vindas, o cheiro das refeições preparadas pela mãe, as broncas, os cuidados quando estava com febre, a conversa com a mãe quando menstruou pela primeira vez, o incentivo para que fosse estudar no exterior.

Havia muito amor e muita raiva também. Conta que a primeira coisa que sentiu quando recebeu a notícia da morte da mãe foi muita, muita raiva: "como ela pôde morrer justo agora, ir assim sem aviso prévio, por que não esperou até eu voltar?".

As imagens emergentes e as lembranças na mente da analista equivaleram ao trabalho de sonho e abriram caminho para a compreensão do trabalho de luto que estava paralisado devido ao trânsito intenso de afetos envolvidos.

A dor da perda, semelhante à representação do guarda-chuva de Magritte, continha e repelia, ao mesmo tempo, a mulher enlutada em um país longínquo, vestida de negro, debaixo da chuva, solitária e muito magra.

O passado, rearticulado pela memória, entra no nosso fluxo presente e adquire sentido.

Na experiência clínica aqui relatada, o fluxo de imagens na mente da analista ocorreu durante a sessão, mas às vezes elas acontecem com os "restos da sessão", vestígios deixados pela experiência da sessão, com os quais o analista trabalha psiquicamente.

Marilia Aisenstein (2015) conta sobre sua experiência clínica com Makito, uma japonesa de 45 anos, com aparência de 28 e que estava com um câncer no cólon. Ela dizia ter perdido o sentido das palavras e não entendia como as palavras poderiam ajudar a curá-la. Marilia estava realmente impressionada com o tom monótono da fala da paciente. Não havia associação em sua fala, nenhuma incursão ao passado, nenhum afeto ou ansiedade em relação à sua doença.

A história que Makito contava era um mistério para a analista e repleta de lacunas. Tendo estudado arte em Tóquio, deixou o Japão com 28 anos repentinamente para estudar em Paris. Não sabia nada de francês, mas falava inglês. Por que, então, escolheu a França? Makito não sabia o que responder, dizia apenas que se sentiu obrigada a deixar seu país, evidenciando que o fizera por uma necessidade interna e poderosa.

Após certo período da análise, Makito falou sobre sua família de uma forma que a analista conseguiu formar uma imagem mais ampla. Ela era filha única, sua mãe era coreana, de origem rural, descendente de sacerdotes xintoístas. Quando a analista aludia à existência de um possível conflito entre o Japão e a Coreia, o budismo e o xintoísmo, samurais e as pessoas rurais, Makito invariavelmente dizia que o Japão não era assim, que todos coexistiam em respeito mútuo.

No decorrer da análise, Makito demonstrou apreciar as sessões, pensava nelas demoradamente, começou a vestir-se de forma mais feminina, passou a usar maquiagem e recomeçou a pintar.

No entanto, algo permanecia opaco, causando certa ansiedade na analista.

Nesse período, a analista teve um sonho: "caminhava por uma paisagem devastada, carregando uma menina asiática nos braços, envolta em ataduras, um pouco como as múmias que se podem ver no museu do Cairo. Ela parecia uma boneca, mas estava bem viva" (Aisenstein, 2015, p. 179).

Pouco tempo depois do sonho da analista, Makito mencionou de passagem o nome da cidade de Hiroshima. A analista lembrou-se, então, que Makito havia nascido em 1945, ano da bomba atômica. Ela explicou que, na verdade, havia nascido na Coreia, pois sua mãe foi ficar em companhia da mãe quando ela estava para nascer.

Ocorre, então, o retorno de uma massa de afetos violentos ligados às terríveis imagens da infância que tinham sido silenciadas até então e esvaziadas de seu conteúdo emocional: descrições da cidade devastada pela bomba atômica e rememoração dos terríveis atos de violência realizados pelos japoneses contra os coreanos no início do século XX. Makito foi obrigada a fugir para escapar da agressão dessas imagens.

A analista ouviu o inaudível e sonhou onde o afeto estava envolvido. Entalhou a matéria bruta para produzir significados que não deixaram tranquila a realidade dos fatos, mas lhe acrescentaram e subtraíram algo.

O tempo passado foi esculpido na memória, entrou no fluxo presente, adquiriu sentido e fez surgir o que lhe dava significado.

Uma vez descongelada, a história de cada um, por mais tenebrosa que seja, pode ser rememorada uma vez e mais uma, e a cada vez ganhar ressignificações. O tempo deixa de ser inscrito de maneira definitiva. Os mesmos acontecimentos se inserem em diferentes significações, dependendo do fluxo presente que os articula e demanda.

Algo semelhante ocorre com o cinema.

Andrei Tarkovski, cineasta russo, considera o cinema a arte de esculpir o tempo, isto é, a arte de subjetivação do tempo:

> *[...] o cinema é um estado onde são indissolúveis tempo e memória. O tempo que se vivencia, o tempo vivido, é o tempo cravado em nós como experiência [...] privado da memória, o homem torna-se prisioneiro de uma existência ilusória; ao ficar à margem do tempo, ele é incapaz de compreender os elos que o ligam ao mundo exterior – em outras palavras, vê-se condenado à loucura. (Tarkovski, 1998, pp. 64-68)*

Psicanalista e cineasta esculpem as imagens que lhes acometem, criando sensações e não coisa. Talvez seja esta uma das razões pelas quais as pessoas vão ao cinema e também a um psicanalista: para esculpir vivências que já tiveram e buscar experiências que não viveram. Buscam inscrever memórias de tempos perdidos na escuridão do apagamento.

Filme e psicanálise fazem a interligação entre imaginário e memória por meio da construção de experiências diferenciais de tempos.

Tarkoviski considera o cinema um vasto edifício de memórias definido pelo conceito japonês de *saba:*

> *Considera-se que o tempo, per se, ajuda a tornar conhecida a essência das coisas. Os japoneses, portanto, têm um fascínio especial por todos os sinais de velhice. Sentem-se atraídos pelo tom escurecido de uma velha árvore, pela aspereza de uma rocha ou até mesmo pelo aspecto sujo de uma figura cujas extremidades foram manuseadas por um grande número de pessoas. A todos esses sinais de*

> *uma idade avançada eles dão o nome de saba, que significa, literalmente, "corrosão". Saba, então, é um desgaste natural da matéria, o fascínio da antiguidade, a marca do tempo, ou pátina. (Tarkovski, 1998, p. 66)*

Se o tempo é a dimensão fundamental da psique humana e também o elemento constituinte essencial da cinematografia, o dever do cineasta é "esculpir o tempo", reformular o tempo a partir de sua subjetividade autoral com respeito ao tempo real (Tarkoviski, 1998).

Para que esse processo ocorra, emoção e vitalidade da palavra são elementos fundantes, tanto na arte cinematográfica como na arte de construção de um processo psicanalítico.

A criação de uma narrativa viva está alicerçada numa relação com a emoção que se apresenta, que é vivenciada e reconhecida tanto pelo paciente como pelo espectador, acionando outros tempos que articulam novos nexos ao vivido. A linguagem viva lança pedra em poço fundo, tira do nada, dá existência a algo, produz, inventa, funda, sustenta.

Tarkoviski (1998) insiste em dizer que o que lhe agrada no cinema são as articulações poéticas, a lógica da poesia. Por meio das associações poéticas, intensifica-se a emoção e torna-se o espectador mais ativo. Ele passa a participar do processo de descoberta da vida, sem se apoiar em conclusões já prontas, fornecidas pelo enredo, ou nas inevitáveis indicações oferecidas pelo autor.

O espectador deve ter à sua disposição aquilo que lhe permite penetrar no significado mais profundo dos complexos fenômenos representados diante dele.

Os filmes, diz Tarkoviski (1998), podem ser bem cenografados e dotados de um trabalho minucioso de arte e figurino, mas, desprovidos de conteúdo e de sentimentos autênticos, são incapazes de transmitir o mais importante, que é uma verdade interior.

De forma análoga, uma análise pode estar corretamente calcada no *setting* e em conceitos teóricos, mas, se a narrativa do analista é emprestada, estereotipada, dogmática, não se cria o mais importante: uma linguagem que desarruma, desarranja, perturba e gera emoção, imprescindível na luta para se tomar consciência (Ogden, 2013).

Os tempos do cinema e os tempos da psicanálise

Final do século XIX. O ano é 1895.

Os irmãos Lumière realizam a primeira projeção pública de um filme na história da humanidade, nos subterrâneos do Grand Café de Paris.

Não muito longe dali, em Viena, Sigmund Freud e seu amigo e professor Joseph Breuer lançam *Estudos sobre a histeria*, aquela que é a primeira apresentação pública do trabalho psicanalítico. Nesse trabalho expõem as primeiras ideias sobre o Inconsciente, mostrando a essência de uma nova ciência denominada psicanálise.

Quatro anos depois, em 1899, tanto o cinema como a psicanálise apresentam progressos importantes. Georges Méliès produz *Cendrillon*, a primeira produção cinematográfica em forma de narrativa fantástica, e Sigmund Freud termina a redação de seu trabalho *A interpretação dos sonhos*. Duas inovações que trazem para o foco das atenções a fantasia e a imaginação. Méliès com sua máquina para representar ficções, e Freud com seu método para investigar a formação do sonho.

Para Méliès, a tela não era somente uma superfície de projeção que reproduz o mundo cotidiano, mas também um lugar que registra as ilusões, as fábulas e os mitos.

Para Freud, o sonho não evidenciava mais inspiração ou decifração, os modos populares de se entender o sonho até então, e sim expressão determinante de fantasias e desejos inconscientes de um único sujeito.

Cinematógrafo e interpretação dos sonhos, duas descobertas audaciosas: uma máquina para representar ficções e um método para investigar a formação do trabalho onírico, elemento-chave para a montagem de um filme e também para a metapsicologia que fundamentou a psicanálise.

República de Weimar, 1920. Dois anos após a Primeira Guerra Mundial, que receberia, por suas dimensões catastróficas, o título de "a guerra para acabar com todas as guerras", o mundo é novamente horrorizado. Dessa vez com um filme de Robert Wiene (1920): *O gabinete do Dr. Caligari*.

O enredo é bastante conhecido. O misterioso Dr. Caligari chega à pequena cidade de Holstenwall com um espetáculo em que o seu assistente, o sonâmbulo Cesare, adivinha o futuro das pessoas. Logo depois da chegada da dupla sinistra, uma série de crimes praticados na cidade faz com que as suspeitas se voltem para o sonâmbulo, flagrado sequestrando uma moça.

Francis, namorado da jovem, obcecado pelo assunto, descobre que é o próprio Caligari que controla os atos de Cesare por hipnose. Descobre-se então que Francis é um louco internado em um internato dirigido pelo Dr. Caligari, médico aparentemente benevolente que, ao ouvir sua história, descobre "como curá-lo".

O impacto desse filme e de vários outros igualmente sombrios levou à constituição de uma escola que ficou conhecida como expressionista.

O gabinete do Dr. Caligari inspirou uma cinegrafia inovadora, estética e tecnicamente retratadas em *O golem*, *Nosferatu: uma sinfonia de horror*, *Fantasma*, *O gabinete das figuras de cera*, *M, o vampiro de Dusseldorf*, *Fausto*, *Tartufo*, *O anjo azul*, entre outros.

Esses filmes eram compostos por personagens destituídos de bondade: vilões, assassinos, falsários, tiranos. Personagens perversos que encarnavam o mal e revelavam a insanidade em estado puro.

É também em 1920, ano da apresentação de *O gabinete de Dr. Caligari*, inaugurando o cinema expressionista com seus enredos de figuras demoníacas, que Freud publica *Além do princípio do prazer*, promovendo uma virada na teoria psicanalítica. A dinâmica prazer e desprazer dá lugar ao modelo pulsão de vida e pulsão de morte.

Ao inserir os conceitos sobre a pulsão de vida e a pulsão de morte na dinâmica psíquica, assim como ocorreu com o filme de Wiene, Freud abre caminho para a compreensão da violência, da destruição, da autodestrutividade, do sadismo, do masoquismo, da compulsão à repetição, e dá passagem para Melanie Klein conceber um novo mundo interno.

Um mundo sinistro, do qual podemos tomar conhecimento em nossos pesadelos. Um mundo de persecutoriedade. Um mundo de fantasmas, no qual somos vítimas deles e nós mesmos nos fazemos de fantasmas para os outros. Um mundo de fantasias inconscientes dominadas pela morte, pela violência, pela crueldade de seus "personagens".

A partir da conceituação da dinâmica pulsão de vida-pulsão de morte, Freud tece uma revisão dos seus conceitos e confere maior complexidade ao funcionamento psíquico.

Melanie Klein, por sua vez, após a Segunda Guerra Mundial, mais especificamente em 1946, constrói as bases de uma psicanálise contemporânea com o conceito de identificação projetiva.

Esse conceito coloca em evidência o jogo de projeção e introjeção entre o sujeito e o outro. O que é projetado faz alguma coisa na mente do receptor, e nesse processo induz sentimentos associados a um convite para que sinta certos sentimentos ou engaje-se no desempenho de um determinado papel.

A partir daí expande-se o conhecimento sobre a relação de reciprocidade entre dois sujeitos, em que o inconsciente de um é influenciado pelo inconsciente do outro. O objeto de investigação se modifica, não é nem aquilo que ocorre com o analista (contratransferência) nem aquilo que ocorre com o paciente (transferência), mas o que ocorre *entre* ambos: a presença do analista transforma-se na própria força dinâmica da análise, não há um fosso entre um lado e outro, mas circulação e troca.

Essa proposição tem impacto direto na maneira como a contratransferência passa a ser vista do ponto de vista clínico. Na história dos conceitos psicanalíticos, poderíamos dizer que, no início, a contratransferência poderia ser vista como análoga a uma fotografia, um instantâneo de um momento relacional.

A evolução do conceito de identificação projetiva coloca em foco a via de mão dupla entre o sujeito e o outro, podendo ser comparada analogicamente a um filme, algo que resulta não de uma reprodução estática de algo, mas de uma sequência de cenas em movimento.

Expandir a comunicação consigo e, em consequência, também com outros, por meio de permanente criação de novos símbolos, desenvolve a capacidade para lidar com o sofrimento psíquico, gerando condições de ampliar uma compreensão mais profunda do humano.

Conhecer promove a integração das experiências emocionais no âmago do nosso ser e o liberta de uma falsa compreensão baseada num estado de espírito que se sustenta na superficialidade e no não engajamento afetivo nas relações humanas.

O processo de adquirir conhecimento tornou-se um conceito com estatuto metapsicológico que está incorporado à maior parte das teorias da psicanálise contemporânea (Bion, 1962/1982).

Semelhantemente ao que foi ocorrendo com a psicanálise, o cinema, após a Segunda Guerra Mundial, foi também ganhando complexidade.

Historiadores consideram que o cinema clássico abrange um período que vai do nascimento do cinema, em 1895, até o início do movimento neorrealista italiano, na década de 1940.

Em linhas gerais, o cinema clássico é caracterizado por narrativas lineares, com início, meio e fim bem definidos e um encerramento fechado. Também é uma constante do período clássico a soma de procedimentos para gerar certa magia, como se não fosse fruto de uma série de artifícios. Especialmente no cinema hollywoodiano, eram comuns os finais felizes e conciliatórios.

O cinema clássico "mastiga" a linguagem para o espectador, tornando a montagem invisível. O espectador não sente cada corte, nem estranha qualquer tipo de mudança brusca dentro da montagem. As personagens não se dirigem diretamente ao público e em nenhum momento atuam de forma a que o público duvide daquilo que está vendo. Essas regras foram subvertidas gradativamente até a geração do cinema moderno.

Algumas características marcantes do cinema moderno são a existência de personagens mais complexos, multifacetados, menos afeitos ao maniqueísmo. Há um interesse maior em infundir do que em informar, maior em inocular do que em descrever. Além disso, a câmera ganhou mobilidade e o movimento se insinuou como um grande vetor dessa mudança. A montagem não necessariamente cria um percurso linear. e os finais são frequentemente abertos. Por um lado, há maior fidelidade à ideia de vida real, e, por outro, uma noção acurada do cinema como uma forma de arte que pode, inclusive, refletir acerca de si própria.

Como não lembrar aqui de *Cidadão Kane*, filme norte-americano de 1941, escrito, dirigido, produzido e estrelado por Orson Welles? Esse filme, considerado uma das obras-primas da história do cinema, é apontado por muitos críticos como o maior filme já produzido e elogiado por sua inovação na música, fotografia e estrutura narrativa.

Quando a história começa, Kane está morrendo. Já nas últimas, pronuncia a palavra "mágica" "Rosebud". Em seguida, assistimos à projeção de um documentário sobre sua vida e seus feitos. É uma cena que dura cerca de dez minutos e deixa ver aspectos de sua vida. Provoca, no entanto, uma estranha sensação: sabemos tudo sobre ela e, ao mesmo tempo, nada sabemos.

Sua última palavra, Rosebud, lança na história uma indefinição.

Por ser a última palavra, um repórter tenta recuperar a importância dessa nomeação, pois ninguém sabe do que se trata. Ninguém sabe se Rosebud é uma pessoa, um evento ou um objeto. Entretanto, evoca um significado essencial que não gera fáceis interpretações.

Kane está morto.

Sua própria memória não pode ser vasculhada. Mesmo que isso fosse possível, quantas verdades dali poderiam brotar?

Procura-se reconstruir o significado da vida de Kane por meio do depoimento de várias pessoas que com ele conviveram, mas a cada novo personagem encontrado e entrevistado, uma nova vida se reconstrói.

Há um desconserto. As novas descobertas sobre Kane nunca se somam às anteriores. Ao contrário, parecem subtrair-se, pois não se encaixam nos lugares desejados.

O resultado da busca acaba revelando vários Kanes diferentes, e até mesmo incoerentes entre si, uma multiplicidade a um só tempo inacessível e incompreensível. Cada dado novo, em vez de encaminhar para elucidações sucessivas, descortina uma quantidade cada vez maior de indefinições e contradições.

No final, temos a reconstrução de vários Kanes. Todos estão lá, e o Kane que morreu não é de forma absoluta nenhum deles.

Ancorado na palavra Rosebud, Kane é todos e nenhum.

Rosebud torna-se ponto de chegada e de partida de uma rede de tempos e histórias infindáveis.

Em linhas gerais, a exemplo do que ocorreu com o cinema, na psicanálise, após a Segunda Guerra Mundial, o analista gradativamente tira o enfoque centrado exclusivamente na pessoa do paciente. O analista deixa de ser considerado um observador imparcial. A interação entre analista e paciente assume o primeiro plano. O interpsíquico e o intersubjetivo ganham em complexidade, num processo de um mútuo escutar as múltiplas vozes.

Ganhando força nessa direção há a emergência de uma visão do psiquismo como essencialmente complexo, heterogêneo e processual. O espaço mental é reconhecido como um território multidimensional que abrange inúmeros sistemas interligados, cada sistema gerando produtos que subsidiam diferentes estruturas defensivas, sustentadas em diferentes níveis de simbolização que permitem a transformação de diferentes conjuntos de ansiedade.

Essas diferentes organizações não se apresentam de forma excludente, uma se estabelecendo em detrimento de outra. Trata-se de distintas organizações que se sobrepõem, se conectam, se ramificam.

Nessa arte de esculpir tempos, cineasta e psicanalista se inspiram em uma linguagem própria. Seja de onde foi gerada, a linguagem autoral nasce de muitas influências e do ímpeto criador, apoiados em tempos que interagem entre si produzindo novos sentidos, formando um mosaico deles, absorvendo uns, transformando outros.

Referências

Aisenstein, M. (2015). Pulsão, representação e as demanda da representação. In D. Scarfone, G. S. Reed & H. Levine (Org.), *Estados não representados e a construção de significado* (Cap. 8, pp. 171-184). Karnac Books; Blucher.

Avellar, J. C. (1982). *Imagem e som, imagem e ação, imaginação*. Paz e Terra.

Bion, (1982). *O aprender com a experiência*. Imago. (Trabalho original publicado em 1962).

Freud, S. (1980). Além do princípio do prazer. In S. Freud, *Edição standard brasileira das obras psicológicas completas de Sigmund Freud* (Vol. 18, pp. 13-85). Imago. (Trabalho original publicado em 1920).

Márquez, G. G. (1995). *Como contar um conto*. Casa Jorge Editorial.

Klein, M. (1991). Notas sobre alguns mecanismos esquizoides. In M. Klein, *Inveja e gratidão e outros trabalhos* (pp. 17-43). Imago. (Trabalho original publicado em 1946).

Ogden, T. H. (2013). Sobre o uso da linguagem em psicanálise. In T. H. Ogden, *Rêverie e interpretação: captando algo humano* (Cap.7, pp. 181-208). Escuta.

Tarkovski, A. (1998). *Esculpir o tempo*. Martins Fontes.

22. Desautorização e suborno da intimidade entre Jacobo e Marta[1]

Whisky é um filme uruguaio de 2004 dos diretores Juan Pablo Rebella e Pablo Stoll.

Em entrevista ao jornal francês *Le Monde*, Pablo Stoll disse que o importante é o coração, o sentimento, a ideia, e não o virtuosismo técnico.

A câmera fica parada o tempo todo, fixa em um tripé, sem sequer um *zoom in* ou *out* durante os cem minutos do filme. Não importa se a diferença de altura entre Jacobo e Marta é de uns trinta centímetros. Os dois jovens cineastas não ligam de cortar um pedaço da cabeça de um ou mostrar a outra pela metade.

Rabella diz que, embora o plano não tivesse um propósito claro, era isso que eles queriam, e que quase um ano depois, após ter visto

---

1 Comentário ao filme *Whisky* apresentado no encontro Cinema e Psicanálise, realizado pela SBPCamp em junho de 2022.

e revisto o filme finalizado, na sua opinião, os enquadramentos estão entre os aspectos mais satisfatórios. A imobilidade da câmera enriqueceu a narração.

E é na escassez de palavras, com imagens solitárias e silenciosas, que o enredo se abre para inúmeras considerações, indagações, reflexões.

Entretanto, vou me deter, para início de conversa, sobre o que o filme me inspirou a respeito da intimidade.

No *Dicionário Houaiss da língua portuguesa*, encontramos que "intimidade" é a "qualidade do que é mais íntimo e profundo [...] relação muito próxima" (Houaiss, 2009a). Intimidade diz respeito ao que é mais íntimo e profundo. A definição de "íntimo", segundo o mesmo dicionário, é: "âmago; alma; que constitui a essência de algo; que existe no âmago de alguém".

Intimidade foi tema de investigação do 50º Congresso da International Psychoanalytical Association (IPA), ou Associação Psicanalítica Internacional), realizado em 2017 na Argentina.

Um termo aparentemente banal, presente de alguma forma em qualquer atividade e relacionamento humano, e que, no entanto, alcança alguma especificidade em psicanálise.

Para Meltzer (1994), a vida humana transcorre em basicamente três tipos de relações: *ocasionais*, *contratuais* e *íntimas*.

Nas duas primeiras, isto é, nas relações ocasionais e contratuais, funcionamos em um modo operativo, adaptativo, mecânico. Nessas relações desenvolvemos atividades treinadas e repetidas de um modo automático.

Nas relações íntimas a situação é diferente. São relações em que existem experiências emocionais que poderão levar à expansão da mente, ao crescimento mental. É nas relações íntimas com familiares (avós, pais, irmãos, primos, tios) e amigos, filhos, cônjuges, amantes que apreendemos e aprendemos o que conhecemos de nós mesmos e nossa forma pessoal de nos relacionarmos com os outros e com o mundo.

Mas vamos ao filme.

Considero que o enredo se desenrola em três momentos.

No *primeiro momento*, vemos a rotina que impera na vida de Jacobo e Marta.

Eles vivem em Montevidéu.

Todos os dias, quando Jacobo, um homem sexagenário, chega à fábrica de meias que herdou dos pais, Marta, uma mulher de meia-idade, sua funcionária, já está lá, esperando em frente a pesados portões de ferro.

Exatamente às sete e meia Jacobo chega. Antes disso, já tomou o seu café num bar escuro e empobrecido ao lado da fábrica.

Entram juntos. Jacobo fecha o portão de ferro. O ambiente é escuro.

Marta entra em um pequeno quarto, onde deixa sua bolsa e casaco.

Jacobo liga as máquinas e vai para uma pequena sala, seu escritório.

A persiana está quebrada. Ele tenta consertá-la.

Marta lhe traz um café e, antecipando a necessidade de Jacobo, lhe pergunta se quer que chame alguém para fazer esse serviço.

"Pode ser", ele diz.

Na hora de ir embora, Marta checa as bolsas das duas únicas funcionárias e se despede: "até amanhã, se Deus quiser".

As falas entre eles se resumem a: "Bom dia", "Com licença", "Perfeitamente", "Boa noite".

Nos primeiros vinte minutos do filme ficamos expostos à rotina de Jacobo e Marta em sua máxima potência.

As imagens e o barulho das máquinas e os movimentos de Marta e das duas funcionárias no manuseio e empacotamento das meias são retratados várias vezes, e evidenciam com brilhantismo a rotina repetitiva, mecanizada, de Jacobo e Marta.

No entanto, o som de uma música romântica ao fundo, com a insinuação de que é sempre essa mesma que Marta gosta de ouvir quando está na fábrica, dá indícios de que ela deseja que Jacobo sinta algo mais por ela, e Jacobo sabe que Marta sente algo por ele: "*Quando te conhecia o vento brincava com seu cabelo de menina. Ai que sorte, que sorte!*".

Mas ali entre os dois impera um pacto de formalidade. Reina entre eles uma *relação contratual.*

Marta e Jocobo funcionam, nesse primeiro momento do filme, em um modo operativo, adaptativo, mecânico.

Teria Marta sofrido decepções, desilusões amorosas? Estaria ela presa à mágoa e ao ressentimento, e só lhe restaria viver daí por diante uma relação contratual?

Esse primeiro momento do filme retrata de forma primorosa uma *intimidade desautorizada.* Há um pacto permanente entre Jacobo e Marta de *desautorização da intimidade.*

Confesso que quando tentava colocar no papel esses primeiros momentos do filme, o retrato de uma relação repetitiva e asséptica, minha imaginação travava. Não conseguia encontrar palavras, não conseguia engatilhar minhas ideias. Possivelmente, porque o filme teve essa capacidade de me invadir com o estado mental desértico e empobrecido prevalente entre Jacobo e Marta.

No entanto, entre o barulho das máquinas, aparece um desvio na rotina entediante dos dois. A partir daí adentramos em um *segundo momento* do enredo.

Herman, o irmão mais novo de Jacobo que mora no Brasil, onde tem uma fábrica de meias, virá para a cerimônia de matzeivá de sua mãe, o descobrimento do túmulo e inauguração da lápide, ou pedra tumular da sepultura judaica. Então ficamos sabendo que a mãe de Jacobo morreu um ano atrás, e que seu irmão não veio para o enterro. Fica subentendido que Herman migrou para o Brasil quando jovem. É casado, tem duas filhas e quase nunca vinha para Montevidéu visitar a mãe e o irmão.

Para não demonstrar que vive só e que as coisas não vão nada bem, Jacobo, entre meias palavras, pede para Marta agir como se fosse sua esposa enquanto Hermann estiver hospedado em sua casa. Marta aceita e sugere que precisarão espalhar algumas fotos suas pelo imóvel.

Jacobo parece não entender, e Marta explica-lhe que é por causa de Herman. O que ela não lhe diz, mas fica subentendido, é que as fotos de casais constituem indicação de uma vida cotidiana familiar. Jacobo concorda, mas rapidamente muda de assunto e pergunta sobre o pedido de compra de um dos clientes. Marta, reassegurando o pacto de formalidade entre eles, indica-lhe onde está o tal pedido. Jacobo agradece.

Ao voltar de uma entrega, ele passa em frente a um bazar em liquidação. Fica uns poucos segundos olhando para algo. No plano seguinte, vemos o que Jacobo vê. Dentre as opções disponíveis na vitrine, o que atrai o seu olhar é um determinado porta-retrato cuja moldura, rosa, diferente dos demais, traz uma imagem idílica de um casal apaixonado. Situação bem diversa da que Jacobo e Marta estavam simulando.

Marta vai ao cabeleireiro, se arruma e dá um jeito na casa de Jacobo. Esconde os vestígios da longa e dolorida enfermidade da mãe do patrão. É uma casa entulhada, de quartos vazios, fria. Um lugar de uma vida cheia de nada.

O ambiente desarrumado revela o quarto de um homem solitário, cujos interesses resumem-se a olhar catálogos de revistas sobre máquinas industriais e a torcer por seu time do coração, *El Tanque Sisley*. No quarto, são visíveis as revistas sobre esse tema, bem como troféus e medalhas que revelam o interesse dele por futebol. Talvez um dos seus poucos prazeres.

O quarto em que o pretenso "casal" dormiria, a exemplo da sala de estar/jantar, dá a impressão de que, em algum momento, seria desocupado. Teria Jacobo começado a guardar os objetos que foram de sua mãe?

Vemos camas que há muito não são usadas e objetos de uso pessoal, como a aparadeira, a almofada terapêutica, o cilindro de oxigênio, colchões em sacos plásticos, além de um espelho recém-tirado da parede da penteadeira.

Marta olha para tudo aquilo.

Para sustentar o falseio, os "recém-casados" combinam o local onde teria sido a lua de mel, colocam alianças e tiram uma foto. Antes de clicá-los, o fotógrafo pede para que digam *whisky*. Assim vemos, pela primeira vez, um sorriso no rosto dos dois. Um sorriso simulado, de curtíssima duração, causado apenas pela fonética da palavra.

Será que Jacobo, em algum momento de sua vida, teve uma relação afetiva e erótica com alguém? Teria ele permanecido preso no triângulo edípico? Trabalhando com o pai na fábrica sem nunca renová-la, sem nunca deixá-la um pouco mais com a sua cara, e apaixonadamente cuidando da mãe?

Se no primeiro momento do filme deparamos com o pacto de desautorização da intimidade, neste segundo momento nos é retratado de forma primorosa o *suborno da intimidade*.

Subornar vem de *sub* + *ornar*. Ornar deriva do latim *ornare* – "fornecer, equipar, armar, aparelhar, preparar, embelezar, ornar, distinguir, honrar", segundo o *Houaiss* (Houaiss, 2009b). Trata-se de um verbo um tanto culto, mas ainda vivo como sinônimo menos frequente de enfeitar, adornar, ornamentar, ataviar, emperiquitar, empetecar.

Subornar é, na origem, pôr uma pulseira de ouro no subornado, um brinco de brilhante em sua orelha, uma gravata italiana em seu pescoço. Até aí faz sentido, mas por que o "sub"?

Justamente pelo caráter sorrateiro, dissimulado da operação. O prefixo "sub" tem o mesmo sentido que exibe no adjetivo "sub-reptício": denuncia ação furtiva.

Herman chega.

Os dois irmãos se cumprimentam.

Há formalidade e tensão entre eles.

Marta os espera no apartamento com tudo muito bem planejado.

Herman é um homem extrovertido. As meias que fabrica são coloridas e modernas.

Quando vão assistir a uma partida de futebol, Herman estimula o irmão a modernizar a fábrica.

Jacobo desconversa e passa a xingar o bandeirinha.

De forma enviesada, assistimos à revolta de Jacobo com a ausência do irmão.

Mas Marta vai aos poucos se animando com Herman.

Os três vão passar o final de semana em Piriápolis, uma cidade de praia. Presente de Herman.

O Hotel é antigo e faz frio. Poucos hóspedes; corredores e praia vazios.

Marta, no quarto do casal, tenta uma conversa com Jacobo sobre sua infância.

Jacobo desconversa.

Ela não insiste.

Aos poucos Herman e Marta se aproximam.

Adentramos, então no *terceiro momento* do filme: uma *intimidade em estado nascente.*

Na praia, só os dois, ela lhe conta que desde criança brincava de falar palavras e frases de trás para frente. Herman fala uma palavra e outras, uma frase e outras, e Marta graciosamente as inverte.

Encontram-se na piscina de água quente. Lá, Marta perde a aliança, que é recuperada por um jovem casal em lua de mel.

Herman lhe conta um pouco mais de sua vida. Diz que quase não fica em casa, que trabalha muito, que viaja muito. Fala que é coisa que vem do seu pai, que sempre enfatizava o trabalhar.

No restaurante do hotel, Herman canta no caraoquê, e aí ficamos sabendo por inteiro a música que Marta ouvia incansavelmente, todos os dias, na fábrica:

Hoje colhi uma flor e chovia e chovia
Esperando o meu amor e chovia e chovia
Pessoas apressadas passavam e corriam
E a cidade ficou deserta porque chovia
E fiquei pensando em tantas coisas bonitas

Como aquele dia na praia que conheci você
O vento brincava com o seu cabelo de menina
Ai que sorte, que sorte
Seu olhar no meu
Quando o meu amor chegar vou dizer-lhe muitas coisas
Ou talvez, simplesmente
Vou dar-lhe de presente uma rosa
Porque eu colhi uma flor
Esperando o meu amor
Que me alegre seu canto
Que me alegre sua risada
Que se alegre o silêncio
Seu olhar no meu
Quando meu amor chegar
Vou dizer-lhe muitas coisas
Ou vou simplesmente lhe dar uma rosa
Seguramente o melhor é uma rosa
Vamos conversando
Vamos nos beijando pelas ruas desertas
Sim, o melhor é a rosa
Sim!

Marta não tira os olhos de Herman enquanto ele canta.

Jacobo olha de soslaio para o embevecimento de Marta.

No meio da noite, Marta vai ao quarto de Herman e senta- se ao lado dele na cama.

Enquanto isso, Jacobo está jogando no cassino do hotel todo o dinheiro que Herman lhe ofertou ao se desculpar por ter se ausentado durante tantos anos, por ter deixado o irmão sozinho com os problemas da fábrica e cuidando da mãe doente.

Jacobo esperava perder todo o dinheiro, apostou todas as fichas em um só número, mas duplicou a quantia que Herman lhe ofertara.

Na manhã seguinte encontramos os três no café da manhã.

Quando estão a sós, Marta entrega um bilhete para Herman. Deverá ser lido enquanto estivesse no avião.

Naquela noite, já em casa, Jacobo dá a Marta parte do dinheiro que ganhou no cassino. O dinheiro foi cuidadosamente embrulhado em papel de presente.

Marta quer voltar para casa de ônibus, mas Jacobo chama um táxi.

No caminho para casa, o semblante de Marta irradia uma profunda tristeza.

No dia seguinte ela não está na fábrica esperando por Jacobo.

Ele entra só e cumpre todo o ritual: liga as máquinas e vai para o seu cubículo. A persiana está desmantelada e sem Marta para lhe trazer o café.

Uma funcionária pergunta-lhe se pode ligar o rádio. Jacobo diz que sim e depois muda de ideia.

– Quando Marta chegar, pergunte a ela.

Jacobo, de seu cubículo, ouvia a canção de que Marta tanto gostava?

O acordo monossilábico entre os dois personagens, o bilhete não lido que Marta entrega a Herman antes de sua partida, a ausência de Marta são pequenos movimentos de repetição e diferença, de reiteração e desvio que fazem com que tudo permaneça no mesmo lugar, mas talvez não mais da mesma maneira.

O que acontecerá dali por diante não saberemos, mas, de qualquer forma, a entrada de Herman na história de Jacobo e Marta promoveu uma rachadura no pacto contratual que havia entre os dois.

***

Retornando à especificidade da intimidade na psicanálise, podemos então relacionar os três momentos do filme ao que pode ocorrer na relação paciente-analista.

1. *Um pacto inconsciente contratual.* O *setting* pode estar bem instituído, com alta frequência e divã, mas prevalece um pacto inconsciente de desautorização da intimidade que inibe a circulação de afetos.

2. Pode ocorrer um *pacto inconsciente de suborno da intimidade.* A análise transcorrendo por meio de belas interpretações fundamentadas em teorias.

3. O desafio da psicanálise é transformar a relação analítica, inicialmente contratual, numa *relação íntima* que possa derivar em uma expansão da mente e em crescimento mental do par analítico.

Uma via de mão dupla entre o processo interior de um e sua capacidade de extravasar e mobilizar o processo interior do outro, ativando assim o desejo de conhecimento sobre si, sobre o outro, sobre a relação, sobre a forma pessoal de ser e estar no mundo.

Essas três modalidades de relação podem ocorrer em uma mesma sessão. Podem se alternar durante o processo de uma análise.

Por analogia, podemos pensar também o analista que, ao modo de Herman, entra em cena como um terceiro na vida do paciente, promovendo rachaduras em seu sistema defensivo e, por conseguinte, em suas relações.

Confesso que, tomada de otimismo, ficava esperando que em algum momento o casamento dissimulado entre Jacobo e Marta pudesse acender uma fagulha de erotismo entre ambos e que finalmente pudessem se autorizar o início de uma relação íntima.

Mas é óbvio que não.

Onde não há conflito deflagrado não haverá renegação estridente.

***

Encontrei na revista *Exame*, edição comemorativa de 55 anos, um texto publicado por Denise Mota em 6 de janeiro 2012, sobre a parceria de Juan Pablo e Pablo.

Conheceram-se na Universidade Católica do Uruguai e a partir de então trabalharam juntos. Inicialmente fizeram vários curtas e estrearam o seu primeiro longa-metragem, intitulado *25 Watts*, em 2001, com grande aceitação de público e crítica.

Com o produtor e amigo Fernando Epstein fundaram a produtora Control Z, no Uruguai.

Whisky é o segundo filme deles. Com esse longa-metragem conquistaram inúmeros prêmios internacionais.

Em 6 de julho de 2006, Juan Pablo Rebella foi encontrado morto em seu apartamento. Segundo a imprensa local, ele teria cometido suicídio durante a madrugada. Eles estavam preparando o roteiro para o que seria o terceiro filme deles.

Stoll demorou dois anos para se recuperar. *Hiroshima: um musical silencioso*, em cartaz nos cinemas, é sua primeira produção solo. Em depoimento à jornalista Denise Mota, Stoll falou sobre o labirinto em que esteve mergulhado. E do qual saiu com um filme nas mãos.

Contou que carrega Juan consigo o tempo todo, às vezes até demais, e que isto não é algo que depende da sua vontade. Ele está aí, e minha homenagem a ele é me levantar e respirar todos os dias. Juan era meu amigo, mas sempre fomos diferentes e quisemos coisas diferentes. Ele decidiu não jogar mais. Eu não. Eu quero continuar jogando, ainda que as regras do jogo mudem o tempo todo.

Referências

Houaiss, A. (2009a). Intimidade. In A. Houaiss, *Dicionário Houaiss da língua portuguesa*. Objetiva.

Houaiss, A. (2009b). Subornar. In A. Houaiss, *Dicionário Houaiss da língua portuguesa*. Objetiva.

Meltzer, D. (1994). Sincerity: a study in the atmosphere of the human relations. In A. Hahn (Ed.), *Sincerity and other works: collected papers of Donald Meltzer*. Karnac Books. (Trabalho original publicado em 1971).

Mota, D. (2012). Ele decidiu não jogar mais. Recuperado de https://exame.com/casual/ele-decidiu-nao-jogar-mais/

23. *Joias brutas* e o fracasso em ser[1]

Joias brutas, de Benny e Josh Safdie (2019), é um filme com atos ininterruptos.

Em uma Nova York barulhenta, somos conduzidos do começo ao fim do filme por um ritmo frenético, em meio à gritaria, à confusão e à violência que se mesclam com falas inaudíveis.

O espectador é tomado por uma espiral de sensações que lhe consome o fôlego desde o início, enquanto tenta acompanhar as falcatruas e imposturas do joalheiro Ratner para pagar um grupo de agiotas, em meio a um casamento em crise e com uma amante que trabalha em sua joalheria.

Durante o filme e ao terminar de assisti-lo me percebi inundada por sensações predominantemente físicas.

Era como se estivesse galopando em um cavalo desembestado que não me proporcionava vislumbrar o caminho e ter minha imaginação, lembrança, pensamentos estimulados.

---

1 Comentário ao filme *Joias brutas* no encontro Cinema e Psicanálise, realizado pela SBPSP em parceria com o MIS em setembro de 2021.

Uma espécie de aprisionamento em pura sensação, sem espaço para sentimentos e considerações.

Quase nada de respiro e possibilidade de processar os acontecimentos apresentados no filme.

O filme não evocava, não despertava associação de ideias, reflexões, pensamentos.

O espiral de sensações me deixou esvaziada de processo interior.

A história que Benny e Josh nos mostram é brutalmente factual.

E me vi colocando em questão, num primeiro instante e por algum tempo: afinal, *Joias brutas* é uma ficção?

Nesse ínterim, tive a oportunidade de assistir a uma aula do documentarista Carlos Nader na qual ele trouxe a origem da palavra ficção.

Fictionem em latim vem do verbo *fingire*, que, depois, derivou para fingir.

Isso redundou em relacionar ficção com fingimento, narrativa imaginária, irreal.

No entanto, originalmente o sentido do verbo *fingire* não significava fingimento, e sim moldar, dar forma.

Fingire estava, especificamente, na sua origem, relacionado ao barro, e *fictor* era a palavra em latim que designava o escultor.

Fictor significa então escultor de barro, o que modela, dá vida e forma ao barro.

A partir desse esclarecimento e das reações puramente sensoriais que o filme me provocou, pude pensar que os irmãos Benny e Josh Safdie modelaram, deram forma e vida ao bruto, intocado e inalterado do Ato Compulsivo.

É certo que a existência impõe Atos para levarmos adiante nossos projetos e negociar entre o desejo, a realidade e o outro, a fim de realizar o que almejamos como pessoa e para nossa vida.

No entanto, *Joias brutas* escancara a insanidade do Ato.

Atos que não estão associados a um sujeito capaz de se responsabilizar por eles e se engajar em suas consequências.

Atos Compulsivos.

Em *Joias brutas*, a patologia do Ato aparece em sua forma mais radical.

A compulsão não é um fenômeno novo na psicanálise.

É sob dois modos principais que ela se apresenta na obra de Freud. Num primeiro momento, Freud estudou a compulsão como estando diretamente relacionada à neurose obsessiva, ainda que, no interior desse quadro, ela apresente matizes.

Nas elaborações que Freud apresenta sobre essa neurose, compulsão não é simplesmente sinônimo de obsessão, mas diz respeito a peculiaridades dos sintomas obsessivos.

Trata-se de pensamentos ou atos que o sujeito realiza ainda que lhe pareçam um corpo estranho. Pensamentos ou atos movidos por uma força irresistível contra a qual o sujeito gostaria de lutar. A compulsão, nesse caso, resulta de um conflito psíquico e de uma luta subjetiva entre duas injunções opostas, estando o sujeito impossibilitado de escolher qualquer uma delas.

Encurralado nessa hesitação exasperante, a resposta do sujeito é o ato compulsivo.

Freud o considera uma compensação da dúvida que se produz como uma espécie de "vazamento".

A imagem aqui, como propôs Hanns (1996), seria a do suco de uma fruta que, de tão espremido, acabaria escoando pelos cortes feitos na casca.

Mas a compulsão tem em Freud um outro sentido importante: alude também ao que há de mais radical na pulsão, isto é, sua irrefreável repetição.

Diferentemente dos atos compulsivos do neurótico obsessivo, a compulsão nesse caso não poderia ser encarada como o resultado de um conflito, como expressão de uma luta íntima. De forma resumida, poderíamos caracterizar a compulsão, segundo este outro sentido que Freud dá a ela, como um impulso avassalador ao qual o sujeito sucumbe e que diz respeito à manifestação do que se situaria mais além do princípio do prazer e desprazer.

Nesse caso, o Ato Compulsivo não se produz a partir de uma operação de recalcamento, isto é, não consiste num retorno do recalcado. Ele se dá por um caminho mais curto, no qual uma satisfação pulsional, com forte tonalidade destrutiva, se exerce mais diretamente – o que significa dizer que o Ato Compulsivo, nesse caso, não fala, não representa um sujeito revelando algo sobre o seu desejo.

Ratner ilustra esse segundo sentido do ato compulsivo elaborado por Freud, já que o que move seus atos é a repetição pulsional. Um forte colorido pulsional que não chega a definir um desejo. Não se trata de compulsividade como se apresenta na neurose obsessiva.

O filme *Melhor é impossível*, protagonizado por Jack Nicholson, mostra como é o dia a dia de alguém que apresenta uma neurose obsessiva.

Na vida real, alguns tomam banho e lavam as mãos várias vezes ao dia, colecionam coisas, preocupam-se com contaminação, agressão, conferem várias vezes ao dia se portas e janelas estão corretamente fechadas e etc.

Na neurose obsessiva a compulsão implica um caminho mais longo, envolvendo elementos psíquicos mais complexos. Está em jogo um conflito entre dois mandamentos opostos, funcionando como ordem e contraordem. O sujeito se vê num estado de hesitação, de dúvida, produzindo-se assim um intervalo de tempo no qual a compulsão não ocorre.

É justamente esse elemento de hesitação que se encontra ausente nos atos compulsivos apresentados por Ratner.

O intervalo de tempo que a dúvida impõe a esse processo está praticamente anulado.

Os atos compulsivos apresentados por Ratner ocorrem, por assim dizer, pelo caminho mais curto com forte tonalidade destrutiva.

Uma resposta imediata.

Uma passagem instantânea ao ato.

Uma recusa cega e imediata à Lei como representante psíquico da interdição que poderia abrir um campo para o processo de representação e simbolização.

Seus Atos parecem dizer um *não* absoluto a uma espécie de algo íntimo tirânico e sarcástico com o qual não dá para negociar.

É como se, diante de uma lei experimentada como imperativo categórico, um imperativo que não leva em conta os prazeres, desejos e singularidades, a resposta de Ratner fosse uma recusa igualmente categórica.

Uma desobediência absoluta que mantém o próprio desejo e o outro fora do campo da percepção e do pensamento.

Tudo se passa como se o seu sofrimento fosse da ordem de uma fatalidade que não inclui um outro, uma fatalidade que se impinge sem matizes, sobre a qual ele pouco tem a dizer.

É como se Ratner tentasse organizar o impulso cego buscando conteúdos capazes de preencher uma forma vazia, autônoma, e, em última instância, impassível, inflexível aos seus próprios conflitos.

Não há um pano de fundo fantasmático, um desejo oculto para ser revelado e colocado no plano do sentido e do significado

Faltam a fantasia e seus derivados: crenças, projetos, ilusões.

Nessa perspectiva, encontramos um eu se constituindo numa zona mental que se movimenta constantemente em direção à negação da vida, da realidade, das pessoas, das emoções.

Uma força mental que continuamente opera em prol da destruição da existência, do tempo e do espaço.

Está assim pavimentado o campo de não identidade, de aniquilação de si. De dissolução daquilo que lhe é próprio.

Uma espécie de fracasso em ser.

O resultado disso é uma vida dominada por uma exaustiva rotina que gira em torno de escapes sorrateiros, desvio de dinheiro, apostas descabidas e negociações fraudulentas.

Preso na fronteira entre corpo e mente, não há possibilidade de sentir culpa, remorso, desamparo, fragilidade, nem de desenvolver um senso ético.

Nessa condição não há como escapar: o final é abismo e destruição.

Interessante notar também que o filme inicia em uma mina com trabalhadores em uma escavação na Etiópia encontrando uma gema que dali em diante estará ligada à vida de Ratner.

Na sequência da cena da joia bruta extraída da mina, vemos as entranhas de Ratner por um procedimento médico, uma colonoscopia, para investigar a existência de um câncer, possível fruto de sua herança judia.

Ao longo do filme, sabemos que seu órgão não apresenta células cancerígenas. Não há sinais de nódulos cancerígenos em seu corpo.

As células cancerígenas são de outra ordem.

O Ato desligado do desejo, isto é, de sua essência, de seu valor, de sua referência, de sua origem e de sua finalidade, entra numa espécie de autorreprodução ao infinito, como as células cancerígenas que se multiplicam de modo incontrolável.

Resulta daí um indivíduo dominado, de um lado, por um senso de excesso e entupimento, e, de outro, por um senso de vazio e inexistência.

Ao assistir *Joias brutas* pela segunda vez, percebi lampejos de desejo quando, por uma fresta, escondido, Ratner observa Julia, sua amante.

Percebi também fagulhas desejantes no olhar de Ratner quando adquiriu a bela opala negra incrustada na pedra, apesar de ser considerada por ele como a salvação de todos os seus problemas.

Um vestígio de subjetivação que não chegava a efetivar-se como afirmação de desejo, mas desencadeou, em mim, uma série de associações.

A partir daí, a Joia Bruta adquiriu para mim um *status* de protagonista e passou a possuir uma riqueza simbólica que eu não havia percebido antes.

Primeiramente, me lembrei de uma poesia de Adélia Prado (2015, p. 146): "de vez em quando Deus me tira a poesia. Olho pedra, vejo pedra mesmo". A pedra que é pedra mesmo, só pedra, é aquela que sepulta a imaginação, o sonho, o pensamento.

Depois, conjeturei que a fissura de Ratner por adquirir a opala negra, em estado bruto, poderia conter mensagens enigmáticas que não foram incluídas na rede simbólica.

Sabe-se que o magma, a lama de fogo que fica no interior da crosta terrestre, possui diversos e variados componentes químicos em sua composição. Quando alguns desses componentes se encontram, se resfriam e se solidificam, tanto no interior como na superfície da Terra – ao longo de muitos anos e após sofrerem pressões –, moldam-se e se transformam em gemas.

O brilho nos olhos de Ratner ao possuir a joia bruta poderia ser um vestígio que não chega a efetivar-se como desejo, mas que aponta para um flerte com uma herança preciosa dentro de si. Um universo que contém um amálgama de elementos em estado bruto, os quais, por meio da relação com o outro e com o mundo, podem se combinar, interagir, passar por enorme aquecimento, esfriar, sofrer a ação do tempo e se transformar em valiosas aquisições psíquicas.

Joia bruta como representante de um amálgama de elementos, uma verdadeira lama de fogo que contém a história, o desejo, a fantasia, fonte e origem da nossa mais fervorosa angústia, que, ao passarem por processos de elaboração, transformação, lapidação por meio da relação com o outro e com o mundo, podem propiciar uma consciência de si como um ser que se vincula de forma indissociável com seu corpo, sua mente e com o mundo que habita.

Referências

Hanns, L. A. (1996). *Dicionário comentado do alemão de Freud*. Imago.

Prado, A. (2015). Paixão. In A. Prado, *Poesia reunida*. Record.

24. Notas sobre opressão, homogeneização e visiofilia[1]

Em um *key paper* intitulado "Psicanálise na era da desorientação: do retorno do oprimido", apresentado no 49º Congresso da IPA, em 2015, Christopher Bollas (2015), dentre várias questões intrigantes, apresenta indagações sobre opressão, homogeneização e visiofilia. Um trabalho que teve como propósito suscitar debates. As formulações contidas nessa palestra foram expandidas e publicadas no livro *Meaning and melancholia: life in the age of bewilderment* (Bollas, 2018).

Por inúmeras vezes nos sentimos oprimidos, mas enquanto a repressão instaura movimentos para eliminar da consciência conteúdos mentais específicos, o efeito da opressão do outro sobre o *self*, em vez daquele resultante da própria autocensura, refere-se a uma alteração não dos conteúdos da mente, mas de suas capacidades, isto é, a maneira pela qual os pensamentos se formam. Agrega-se a isso a homogeneização e a visiofilia: a erradicação das diferenças e a fabricação de uma mentalidade coletiva que pode funcionar como

1 Texto publicado na *Revista Ide*, 45(75), 2023.

um sonífero psíquico, e o uso da visão (*sight*) para evitar o *insight*. (Bollas, 2015).

Dois episódios da série *Black mirror* auxiliam a reflexão sobre essas questões lançadas por Bollas, relacionadas a uma forma de percepção, pensamento e comunicação.

"Nosedive": queda livre

Black mirror, criado pelo inglês Charlie Brooker, conta a cada episódio com um elenco diferente, um *set* diferente e um aspecto diferente da realidade, apresentando, por meio de ficção especulativa, temas sombrios e muitas vezes satíricos que examinam a sociedade moderna, especialmente no que diz respeito às consequências imprevistas das novas tecnologias.

"Queda livre", terceiro episódio da primeira temporada, apresenta um mundo distópico onde a reputação do sujeito é qualificada mediante pontos gerados por avaliações alheias feitas a partir de cada passo que se dá, cada compra, cada olá ao outro, seja no trabalho, seja no caixa do supermercado, no elevador, no táxi, no posto de gasolina.

Esses pontos são utilizados para descontos em aluguéis, filas preferenciais de aeroportos, atendimento com melhores médicos, ou seja, para se obter privilégios.

Quanto mais pontos, mais fácil é o acesso à elite.

Não fica difícil perceber que angariar pontos exige interações artificiais e caricatas. As atitudes são radicalmente superficiais e pasteurizadas, escondendo e aprisionando o que cada um tem de genuíno. Para não ser marginalizado, isto é, para não ter uma pontuação menor do que 2,5, é preciso encenar a todo momento uma postura padrão e não se aproximar daqueles que têm baixa pontuação.

Nesse mundo de gentilezas postiças, a dinâmica do jogo da reputação inclui cativar pessoas com classificações melhores. Aproximar-se de pessoas com pontuação menor pode baixar a própria pontuação. Os piores ranqueados fizeram algo de ruim, e se aproximar deles indica, de alguma forma, compactuar com seus erros. Isso leva a um julgamento ruim por parte das outras pessoas.

No início do episódio há longas cenas com Lacie, a protagonista, ensaiando sorrisos e gentilezas frente ao espelho. Um artifício imprescindível para aumentar a pontuação. Esse padrão fica explicitado pelo figurino em tons pastéis: rosa, bege, nude.

A cega submissão às normas e padrões do grupo fica nítida na cena em que um colega de trabalho oferece a ela um *shake* de frutas a fim de subir a própria pontuação. Ao aceitar, Lacie é repreendida por um colega, que a informa: "não estamos falando com o Ches, ele e Gordon terminaram. Nós estamos do lado do Gordon". Diante disso, ela apenas concorda, sem questionar o porquê, como um peixe que segue o cardume para sustentar sua boa pontuação.

Acontece que Lacie está em busca de uma casa em um bairro melhor para morar com seu irmão. A essa altura de sua vida, e à custa de muitos sorrisos, gentilezas e adulações, ela já possui uma ótima pontuação: 4,2 de um máximo de 5,0.

Lacie encontra a casa dos sonhos, mas o aluguel está fora do seu orçamento. Um ganho de 0,3 em sua pontuação, porém, lhe valeria um generoso desconto.

Um profissional especializado em aumentar pontuações sugere que em pouco tempo ela poderá alcançar os 0,3 adicionais se aumentar seu rol de contatos com pessoas acima de 4,5.

Lacie está determinada a achar uma solução para si mesma. Só lhe interessa alugar a casa e ascender socialmente. Não há tempo para pensar. Há uma urgência em encontrar uma solução rápida para aumentar sua pontuação. Numa manobra estratégica, envia mensagens para uma amiga de infância muito bem "conceituada" e consegue ser convidada para fazer um discurso em seu casamento. Fica radiante. No espelho, lê várias vezes o que dirá na ocasião. Testa o tom de voz, o sorriso, a hora em que deverá se mostrar mais emocionada. Está convicta de que todos se comoverão, irão às lagrimas, e que rapidamente sua pontuação aumentará.

> *Centrar-se no que funciona pode parecer inteligente, mas neste novo utilitarismo testemunhamos a emergência de um niilismo difuso, em que o sujeito humano, bem como o complexo processo do pensamento são vistos implicitamente como um obstáculo à implementação bem-sucedida de programas que possam depender da pessoa. No mundo interior, conflitos inconscientes e pensamento reflexivo são claramente demasiado lentos, e revelam-se um entrave para aquela que se pretende uma era de resolução de problemas, mas que é, de fato, uma época cada vez mais dedicada à redução da dimensão humana. (Bollas, 2015, p. 56)*

No entanto, no aeroporto, Lacie não consegue manter o recato. Ao saber do cancelamento do seu voo, que inviabilizaria a participação no casamento, começa a falar alto, reclamar, se indispor com a funcionária. Imediatamente é avaliada negativamente por todos que estavam ao seu lado.

Lacie tenta ir para o casamento de carro, mas consegue somente um modelo ultrapassado, pois, devido ao seu mau comportamento no aeroporto, sua pontuação baixou consideravelmente. O carro alugado era tão obsoleto que não foi viável abastecê-lo. Pega carona com uma caminhoneira, mulher despojada que há tempos deixara de se preocupar com pontuações. Quando isso aconteceu, sua reputação despencou em queda livre.

Há ainda um longo caminho a percorrer até o local do casamento, mas neste ínterim sua "amiga" lhe ordena não comparecer à cerimônia, devido à queda brusca na sua pontuação.

– Volte para casa! Não me apareça aqui!

Lacie não desiste. Chega ao local onde acontece o casamento com a roupa suja, desarrumada, despenteada, contrastando agudamente com todos os presentes, em especial, os noivos. Tudo está impecavelmente arrumado: as mesas, as flores, o altar, os discursos dos padrinhos, as roupas, as madrinhas – todas de vestido rosa – e os padrinhos – de branco e azul.

Desgrenhada, Lacie passa a denunciar toda a futilidade daquele *baile de máscaras*, daquele mundo de aparências que serve de porta de acesso à elite.

Numa situação extrema de opressão, subjugada pelo culto da artificialidade e pelo comportamento pasteurizado, a fim de alcançar uma boa reputação e benesses, Lacie, é a metáfora de uma mentalidade coletiva, homogeneizada, com extrema erradicação das diferenças. Uma peça da engrenagem de uma gigantesca máquina para fabricar indivíduos em contato permanente uns com os outros, mas não próximos: "em vez de comunicação profunda, o que temos são espetáculos provenientes das porções superficiais da mente" (Bollas, 2015, p. 53).

O episódio termina com Lacie na prisão. Um aposento muito limpo e envidraçado de onde avista um homem negro encarcerado na cela ao lado. Trocam todo tipo de xingamentos.

Mas, antes de iniciarem a exasperada e rápida troca de insultos, eles se observam de forma provocativa:

– O que você está olhando!

– Eu estava pensando a mesma coisa.

– Não pense!

– Não quer que eu pense?

– Não!

– O mundo seria enfadonho sem pensamentos.

– Estou pouco me fodendo para o seu mundo.

"Queda livre" mostra em tons exagerados a trajetória da opressão vinda de fora. Retrata a censura organizada contra o direito de ser do *self* que ganha força no mundo digital.

Resulta daí enorme impedimento em articular a própria expressão idiomática, aquilo que se constitui no cerne do ser. Para Bollas (1989/2021), o idioma humano é uma peculiaridade da personalidade que encontra seu próprio jeito de ser, uma singular configuração de ser, por meio de uma particular seleção e uso do objeto (uma miríade de objetos humanos, culturais, artísticos) como um tipo de léxico para liberar o idioma de cada pessoa, a fim de dar expressão viva ao verdadeiro *self (fingerprint).*

A utilização do mundo digital retratada em "Nosedive" mostra uma espécie de canibalismo da criatividade do ser humano, naquilo que Bollas (1989/2021) ressalta como o talento de articular a própria expressão idiomática, mediante um processo em que é dada ao *self* a possibilidade de desdobrar-se no mundo.

O mundo de Lacie vai em direção oposta ao Movimento Antropofágico de 1928, com Oswald de Andrade clamando aos artistas brasileiros que fossem originais e criativos.

A proposta da antropofagia cultural de Oswald de Andrade promovia o canibalismo da cultura estrangeira. Essa metáfora simbolizava que a influência cultural de outros países deveria ser devorada e assimilada. Assim, a arte brasileira contaria com esses elementos, ressurgindo não como um reflexo cultural externo, mas como uma identidade brasileira multicultural e original.

Dessa forma, Oswald de Andrade tanto homenageou o autor estrangeiro como demonstrou que o Brasil conseguia se reinventar e criar, devorando a cultura externa e transformando-a em uma arte brasileira criativa e miscigenada. Um movimento essencial para a cultura brasileira, para a promoção de novos pensamentos e o estímulo à criatividade nacional. Fez isso somando elementos externos e reinventando a arte do nosso país.

A cega submissão de Lacie às normas e padrões do grupo evidencia o uso de objeto mundo que não oferece condições para a evolução de seu idioma, para estabelecer sua personalidade de forma a sentir-se pessoalmente real e viva, e para articular os muitos elementos de seu verdadeiro *self* (Bollas, 1989/2021).

Ao contrário do Movimento de 1928, o mundo de Lacie promove uma vida de experiências empobrecidas e relações esvaziadas, impossibilitando ao verdadeiro *self* desdobrar-se.

> *O idioma da pessoa não é, pois, um roteiro oculto, enterrado nas prateleiras do inconsciente à espera de revelação através da palavra; é mais um conjunto singular de potencialidades pessoais específicas de um indivíduo, e sujeitas, em suas articulações, à natureza vivida no mundo real. A vitalidade do verdadeiro* self *é encontrada na experiência do indivíduo enquanto ele vivencia o mundo. O idioma que somos encontra sua expressão através das escolhas e usos de objetos que estão disponíveis no ambiente. (Bollas, 1989/2021, p. 30)*

A abundância de insultos entre os dois prisioneiros no final do episódio evidencia um excesso de palavras afastadas de uma expressão idiomática própria em decorrência de um verdadeiro *self* esmagado, impossibilitado de transformar conteúdos e gerar algum *insight*.

Nesse cenário, vale explorar "Toda a sua história", o terceiro episódio da primeira temporada de *Black mirror*. Neste episódio, a problemática da visiofilia exacerba nossa imaginação e instiga diferenciação entre *sight* e *insight*.

"The entire history of you": toda a sua história

Um pequeno dispositivo chamado Grão permite armazenar tudo aquilo que se faz, vê e ouve e permite também que as pessoas que possuem esse dispositivo (e a maioria das pessoas possui) reproduzam suas lembranças diante de seus olhos ou em uma tela.

O uso do Grão possibilita arquivar memórias com a intenção de obter controle total sobre elas. Cada memória arquivada pode ser vista quantas vezes for necessário. A imagem pode ser imobilizada em um determinado ponto, pode ser ampliada, pode-se fazer leitura labial – um processo conhecido como *re-do*.

O episódio inicia com Liam, um jovem advogado que participa de uma entrevista de emprego. Sente que não se saiu bem. Passa e repassa a memória arquivada algumas vezes, tentando avaliar se ocorreu, mesmo, uma frase supostamente insincera do entrevistador.

Em seguida, Liam vai a um jantar oferecido por alguns amigos de sua esposa, Ffion, e a vê falando com um homem que ele não reconhece. Trata-se de Jonas, um amigo dela, de tempos atrás. Perguntam a Liam como se saiu na avaliação e sugerem que ele coloque na tela um *replay* de sua memória na entrevista, para que todos possam dar suas opiniões.

Um dos convidados alerta que não se pode confiar nas lembranças produzidas pela mente, daí a importância de implantar o Grão. Assim a pessoa terá certeza absoluta de tudo o que aconteceu com ela, podendo acionar o *replay* quantas vezes quiser.

No jantar, Jonas fala cada vez mais francamente sobre sua vida pessoal e também sobre masturbação por meio de *re-dos* de seus relacionamentos sexuais anteriores. Ao longo da refeição, Liam fica incomodado com o jeito como Ffion parece estar olhando para Jonas e rindo de todas as suas piadas.

Em casa, cada vez mais convencido de que há algo errado, Liam passa e repassa a memória arquivada, paralisando uma determinada imagem e utilizando o zoom na busca de evidências da infidelidade de sua esposa. Vê as próprias memórias e obriga Ffion a lhe mostrar as dela.

De manhãzinha, embriagado, Liam vai até a casa de Jonas, confronta-o sobre sua relação com Ffion e o ameaça violentamente. Caso não apagasse todas as imagens deles do arquivo-memória, arrancaria fora o Grão de seu pescoço.

Em casa, Liam aciona novamente o *replay* de suas últimas lembranças e fica cada vez mais convicto de que sua esposa o traiu.

Quando Jonas projeta na tela da parede sua lembrança com Ffion, antes de apagá-la, Liam nota um arquivo provando que Jonas e sua esposa fizeram sexo dezoito meses atrás. Esse período coincide com a época em que sua filha foi concebida.

Interrogada, Ffion admite ter traído Liam durante uma separação temporária, após uma briga.

Liam exige que ela faça o *re-do*. O vídeo deixa fortemente implícito que Ffion e Jonas não usaram preservativo.

Nas últimas cenas do episódio, Liam é visto vagando em torno de sua casa, agora vazia, enquanto assiste aos *re-dos* de memórias felizes com sua esposa e filha, antes de ir para o banheiro e começar a arrancar, com uma lâmina e um alicate de cutículas, o Grão instalado atrás de sua orelha.

A tela fica instantaneamente negra.

> *Ver pode ser acreditar, mas significa conhecer? Chamemos o fenômeno que utiliza a visão [sight] para evitar o insight de "visio-filia" [sightophilia]. A pessoa que, de forma singular, é levada a ver (em vez de pensar) será um "visiófilo" [sightophile] (Bollas, 2015, p. 58)*

Ver, perceber, reprimir, recordar são movimentos mentais que propiciam *insight* e elaboração. Emanações daquilo que foi reprimido surgem na sala de análise mediante formas multifacetadas de linguagem, trazendo à tona fantasias e lembranças extremamente complexas. Estabelece-se, assim, um direcionamento para o mundo interior e para psicodinâmica do próprio ser, proporcionando transformações do vivido em imaginação, sonho, pensamento.

De uns anos para cá, não raro, ao relatar lembranças de uma interação com familiares e amigos, alguns analisandos interrompem a conversa e introduzem, na sala de análise, mensagens do WhatsApp, um vídeo, uma foto, com a expectativa de encontrar certezas e soluções para seus conflitos.

Certa vez uma analisanda, quando relatava uma vivência em uma festa, levantou-se abruptamente do divã, pegou o celular que estava na bolsa e me mostrou um vídeo que continha os arquivos daquele acontecimento.

– Veja! Você acha que estou sendo muito exibida? De manhã a L. [colega de trabalho] me mandou um Whats com este vídeo e me aconselhou ser mais discreta, que aquele meu comportamento não pegava bem blá-blá-blá.... Veja e me diga! Veja se estou muito exibida!

Assim como Liam, disse-me que durante a tarde passou e repassou o vídeo. Ora achava que estava muito exibida, ora avaliava que a colega estava sendo maldosa. Além disso, não parava de visualizar o Face, onde publicou algumas fotos da festa, para ver quantas curtidas e comentários estava recebendo.

Presa em seu arquivo e oprimida, a exemplo de, Lacie, pela "pontuação" que iria receber, não conseguia ir além do *sight*, além do que via. O excesso de visibilidade cristalizou suas ideias e passou a impedir o aprendizado além do fato arquivado.

Vale, aqui, examinar as considerações de Antonio Sapienza (2004) sobre memória-sonho e memória-arquivo.

A memória-sonho surge de modo espontâneo no decorrer da sessão analítica e propicia conexões inesperadas e valiosas. A memória-arquivo diz respeito a um acúmulo de memórias que impede a abertura de novos significados e tende a alimentar preconceitos e estereotipias.

Após me mostrar o vídeo mais de uma vez, a paciente voltou para o divã com o celular na mão.

– Me diga! O que achou?

Comuniquei-lhe que ela estava tão aprisionada naquele vídeo que não conseguia mais pensar.

– Então você acha que devo apagar o vídeo e bloquear essa colega? Mas, se eu bloqueá-la, vai pegar mal, né?

Vemos aqui um exemplo do que Bollas (2015) definiu como pensamento refrativo, uma característica da visiofilia:

> *A refração lança pensamentos nos objetos; os objetos, porém, não servem como recipientes para tais pensamentos*

> *(recuperáveis na memória), mas apenas como uma superfície que leva à dispersão dos vestígios de iluminação, até que o conteúdo de um pensamento seja finalmente eliminado. A habilidade refrativa seleciona uma característica de menor importância de uma comunicação e a destaca, fazendo com que a comunicação principal seja esquecida. (Bollas, 2015, p. 58)*

Utilizando-se de pensamento refrativo, minha analisanda, naquele momento, não era capaz de refletir sobre o principal da minha comunicação: o aprisionamento no vídeo a estava impedindo de pensar.

Nesse contexto, não há um processo de escolha (consciente e inconsciente) do que se vê, uma particular seleção, absorção, assimilação do que se vê e que empurra em direção ao idioma que somos e a uma estética particular.

Frente à saturação mental que o *re-do* produzia, restava-lhe, como solução imediata, deletar, bloquear uma ou mais pessoas, "arrancar com lâmina e alicate" as memórias daquele acontecimento conflituoso, numa tentativa de deixá-las na escuridão do apagamento.

Recorro, aqui, às elaborações de Green (2000) sobre o trabalho do negativo. O negativo está na base da atividade psíquica e diz respeito à própria constituição do psiquismo e sua evolução. A coexistência entre o sim e o não, ausência e presença, propicia a repressão acompanhada de um re-ligamento no inconsciente. Quanto mais o trabalho do negativo instaura uma dinâmica que se afasta da repressão, mais se constata a operação de defesas como a rejeição radical. O resultado é um buraco vazio na mente, que não só atua como um vazio interno, mas tem o poder de atrair todos os conteúdos mentais ou pensamentos ligados ao tópico principal, central, de espaço vazio. Uma atividade de apagamento que nada tem a ver com a repressão como censura, e sim com a supressão radical do que ocorre na mente.

O *re-do* é um elemento novo proveniente do mundo digital que tem se inserido na sala de análise, incitando reflexões sobre formas outras de fabricação da opressão, da mentalidade coletiva, sobre o predomínio da memória que pode ser arquivada em aplicativos, vista e revista inúmeras vezes, oportunizando a degradação dos movimentos entre *sight* e *insight*, entre ver, acreditar e conhecer.

Referências

Bollas, C. (2015). Psicanálise na era da desorientação: do retorno do oprimido. *Revista Brasileira de Psicanálise, 49*(1), 47-66. Recuperado de http://pepsic.bvsalud.org/pdf/rbp/v49n1/v49n1a04.pdf

Bollas, C. (2018). *Meaning and melancholia: life in the age of bewilderment.* Routledge.

Bollas, C. (2021). *Forças do destino: psicanálise e idioma humano.* Escuta. (Trabalho original publicado em 1989).

Green, A. (2000). A mente primordial e o trabalho do negativo. *Livro Anual de Psicanálise, 14*, 133-148.

Sapienza, A. (2004). Reflexões clínicas psicanalíticas sobre a memória-sonho. *Ciência e Cultura, 56*(4), 29-32. Recuperado de http://cienciaecultura.bvs.br/pdf/cic/v56n4/a15v56n4.pdf

25. Transitivo e intransitivo na clínica psicanalítica[1]

Recentemente me caiu nas mãos o livro *Novecentos: um monólogo*, do italiano Alessandro Baricco. Para minha surpresa, fiquei sabendo que o filme *A lenda do pianista do mar* é baseado nessa novela.

Esse imprevisto me levou novamente ao momento de uma análise quando, por meio do relato desse filme, pude saber um pouco mais da mulher que se sentia vivendo sem pai, sem mãe, sem pátria, desterrada, aterrorizada de adentrar ruas desconhecidas que se entrecruzam. Isso ocorreu no terceiro ano de análise. Numa sessão atípica.

No nosso primeiro encontro, ela me disse que queria fazer psicanálise. Só isso. Quase nada disse de sua vida. Disse que se mudou para Campinas e por isso me procurou. E assim começamos.

Aceitou de pronto o ritmo de quatro sessões por semana e divã. Nunca faltou ou chegou atrasada nos quase sete anos de análise.

---

1 Trabalho apresentado em mesa-redonda no XXXIV Congresso Fepal, realizado on-line, em 2022, com o tema Transitoriedades/Incertezas.

Os três primeiros anos foram permeados por fragmentos de fatos do seu dia a dia, pronunciados com muita dificuldade. Ela balbuciava, as frases eram entrecortadas, hesitantes, entre longos silêncios.

Muitas vezes ela movimentava os lábios como se quisesse dizer algo, mas não emitia nenhuma palavra. Parecia engolir as palavras.

Quando raramente me relatava algum acontecimento com colegas, nunca os nomeava.

Pois bem, três anos depois, em meio a hesitações e palavras mal pronunciadas, ela disse:

– *A lenda do pianista do mar.*

Fez uma longa pausa.

– Um filme a que assisti dia desses.

Depois de um longo silêncio se pôs a falar de uma forma que eu nunca a tinha ouvido falar antes. As palavras não saíram trêmulas. Contou-me sem titubeio sobre o pianista do mar. De forma nítida e pessoal foi me trazendo recortes da história.

Eu não tinha assistido a esse filme e, conforme ela me trazia com fluidez recortes do enredo, fui sendo envolvida pela sua narrativa.

> *É sobre um garoto que ficou sem os pais logo ao nascer e que passou a ser cuidado por um homem que trabalhava num navio como carvoeiro. Mas o menino não podia sair da parte de baixo do navio, pois corria o risco de ser encontrado e mandado embora, e ele não tinha ninguém para cuidar dele. Lá de baixo ele ouvia, todos os dias, o pianista animando as festas do navio. Ele então se interessou por piano e acabou se tornando o pianista do navio. Mas nunca saiu daquele lugar, permanecia o tempo todo dentro do navio. Um dia, de tanto dizerem para ele que*

deveria conhecer uma cidade, ele tentou descer em Nova York. Pegou suas coisas, mas conseguiu descer somente alguns degraus da escada. Voltou rapidamente para o seu canto, ele quase entrou em desespero, ficou com muito medo de viver num lugar mais amplo, cheio de ruas se entrecruzando, sem saber aonde iam dar. No navio ele conhecia tudo, sabia direitinho para onde estava indo e quando iriam voltar. O trecho era sempre o mesmo. Um dia disseram para ele que o navio tinha que ser destruído. Mas ele não foi embora, permaneceu no navio.

Comuniquei-lhe que por meio do relato sobre essa personagem ela me falava de si. O garoto era também ela. O desamparo, o sentimento de abandono, o medo de ser descoberta, a necessidade de reclusão para alcançar algum senso de segurança e proteção.

Ela ouviu em silêncio, perguntei se o que eu havia dito fazia sentido. Ela disse: "faz". E não disse mais nada até o final da sessão.

E eu fiquei às voltas com o garoto sem pai, sem mãe, sem um país para habitar, escondido para não ser pego e que aí permaneceu, mesmo quando podia se aventurar pelas ruas de Nova York.

A sessão sobre a *Lenda do pianista do mar* foi um momento excepcional da análise.

Após esse momento caímos novamente no balbucio, palavras entrecortadas, frases quase inaudíveis. Longos silêncios.

E assim continuamos até que, mais de dois anos depois, fui novamente surpreendida.

É a primeira sessão da semana. Em meio a um longo silêncio e balbucios, conjecturei comigo mesma que ela não conseguia sustentar na memória o que vivenciávamos na análise.

Cada vez que nos encontrávamos era como se fosse a primeira.

A partir dessa minha conjectura, falei sobre um filme que contava a história de um casal idoso. Ela estava senil e perdendo a memória, e seu marido em enorme sofrimento. Ele não se conformava de ver que a esposa já não se lembrava nem dele, nem da grande história de amor que viveram. Todos os dias ele se sentava ao lado dela e contava-lhe a história de um casal apaixonado – em verdade, a história deles –, acreditando que assim ele conseguiria impedi-la de esquecer. Algumas vezes ele conseguia, em alguns momentos, como que despertando de um sono profundo, ela olhava para ele, lembrava-se de quem ele era, e, por instantes, conseguiam se reencontrar. Em seguida, ela retornava para o seu mundo sem memória e sem história, ficando com o olhar distante, perdido no nada.

Ficamos em silêncio por alguns minutos e então eu continuei: esse filme me faz pensar que essa história, guardando as devidas proporções, ocorre até com uma certa frequência nas relações. As pessoas (marido, mulher, filhos, pais) esquecem que já viveram uma história juntos, esquecem que já se tocaram, viveram uma intimidade... como se nunca tivessem se encontrado antes.

Ela ficou em silêncio. Seu corpo estava imóvel no divã.

Eu não disse nada, fiquei calada, aguardando.

Após uma longa pausa, ela falou:

– É que nem o filme *Fale com ela*... ele falava com uma moça em coma...

– Mas, no final ela saiu do coma – eu disse.

Ficamos por um longo tempo quietas. E eu pensando que me sentia com ela semelhante ao enfermeiro conversando com sua paciente em coma, ela lá quase sem nenhum sinal de vida e ele falando com ela, contando-lhe as notícias do dia a dia, relatando fatos da vida.

Então eu disse:

– Que interessante esta história do homem que conversa com a moça em coma... ele conversava com ela como se ela o estivesse escutando e, às vezes até dialogando com ele, às vezes eu sinto nós duas aqui, como esses personagens... eu falando e você tão quieta, mas eu continuo como se você estivesse, de alguma forma, me escutando...

Ela ficou quieta, depois eu perguntei:

– O que você está pensando?

Ela disse:

– Nesta história da mulher em coma...

Após uma pausa eu lhe perguntei:

– Você, às vezes, se sente também meio em coma? Quero dizer, fazendo as coisas, acordando cedo, indo trabalhar etc., mas tão distante do que está sentindo, tão distante das pessoas, como se estivesse em coma?

– Acho que sim – ela respondeu.

Depois de um tempo eu quis continuar nossa conversa, mas ela disse que estava muito cansada. Ficamos sem dizer nada uma à outra até o término da sessão.

Essa foi a primeira vez após mais de cinco anos de análise em que houve um encadeamento associativo entre nós duas.

E eu fiquei às voltas com essa imagem do analista falando com um paciente "psiquicamente em coma".

Conversava em um grupo pequeno de colegas sobre esse processo de análise, e isso me estimulou a escrever dois trabalhos.

No trabalho intitulado "Sobre o *splitting* entre animado e inanimado", articulo essa experiência clínica com os conceitos de alucinação negativa, barreiras autistas e com os sistemas sociais contemporâneos, no modo como eles se impõem e se perdem no delírio do próprio funcionamento (Lamanno-Adamo, 2010b).

Em "Clone: o inferno de si mesmo", considero um conjunto de operações mentais que auxiliam a compreensão de pacientes referidos na literatura psicanalítica como desvitalizados, desobjetalizados, de difícil acesso, *borderlines*, e as especificidades do processo transferencial e contratransferencial com esses pacientes (Lamanno-Adamo, 2010a).

Hoje, retorno a essa experiência analítica e reconheço que ela é emblemática das mudanças significativas que ocorreram na minha clínica desde então.

Iniciei o trabalho analítico com essa paciente no final dos anos 1990. Ela foi uma das primeiras pacientes que atendi e que apresentava embotamento das palavras e dos sentidos.

A palavra não provinha de livre associação de ideias, não carregava memória, tampouco surgia do mundo do amor, ódio, ciúmes, inveja, medo de retaliação, fantasias assassinas.

Até então, trabalhava com pacientes que diziam sobre as suas dores, conflitos. Narravam-me sonhos e encadeávamos associação de ideias nas sessões. As associações de ideias transitavam de um para o outro, do outro para o um, desencadeando algum *insight*.

Lembro-me que nessa época estava em formação e cursando seminário sobre Melanie Klein. Chamava a minha atenção o fato de que esses pacientes não pareciam se "enquadrar" no mundo do amor e ódio, ciúmes, inveja, desejo de vingança, medo de retaliação, fantasias assassinas, tão bem esclarecidas por Klein. O que predominava em nossos encontros era uma espécie de vácuo e um sentimento de inutilidade.

Algumas elaborações de Green (1997) me acompanharam nesse período, em especial sua formulação sobre um negativo potencialmente criativo que o sofrimento, a raiva e impotência travestiram e transformaram em paralisia psíquica. Uma paralisia que subsidia e é subsidiada pela positivação do nada, a ausência se tornando a modalidade mais forte e mesmo a única manifestação possível da realidade. A ausência é mais real do que a possibilidade de uso, por exemplo, do analista e do *setting* analítico.

Desde então houve um crescente desenvolvimento teórico sobre os estados não representados da mente e o manejo clínico que favorece a transitividade entre o não representado e o representado, que me tem sido de muita valia.

Mas hoje retorno a essa experiência dando atenção às mudanças significativas que ocorreram na minha prática clínica desde aquele momento.

Como despertar meu olhar sonolento para ressignificar e transformar o meu ofício? Como dar conta do intermitente vaivém de balbucios e conferir sentidos que nos resgatam do emudecido e da humanização perdida?

Confesso que os balbucios, que as palavras quase inaudíveis e entrecortadas e os longos silêncios desestabilizaram o que eu acreditava ser uma analista trabalhando, isto é, encontrar na narrativa do paciente o que escapa, o interdito, e então formular uma interpretação que abra caminho para o inconsciente.

Com essa paciente, a técnica clássica (atenção flutuante, associação livre de ideias e interpretação) não era suficiente para gerar *insight*, pelo contrário, fortalecia o escudo de imobilidade psíquica.

Reconheci em alguns momentos que estávamos presas numa fantasia compartilhada que engendrava a crença de que o contato com o outro não importava.

Teve que apagar partes da própria mente para apagar a dor?

Eu ficava mais empática a partir dessas compreensões, mas o meu desconforto, o meu descentramento em relação ao que eu esperava de mim no meu trabalho como psicanalista, se mantinha sessão após sessão.

Confesso que me sentia desnorteada, sem rumo, não tinha ideia de onde estávamos partindo e aonde iríamos chegar.

Constantemente um sentimento de inutilidade me possuía, e eu me questionava se o que quer que fosse que fazíamos na sessão era psicanálise.

Sentia que estava perdendo minha condição de receptividade, de hospitalidade e, com isso, perdendo também um sentido de propósito como analista.

No entanto, penso hoje que em algum momento fui atravessada por uma espécie de trabalho de luto.

Luto pelo que havia apreendido, aprendido, experimentado e instituído na minha clínica como satisfatório.

Simultaneamente a esse trabalho interno, fui deixando de lado minha expectativa de trabalhar com narrativas oníricas. A partir daí, minha hospitalidade, curiosidade e espírito investigativo começaram a dar sinal de vida.

Comecei a prestar mais atenção nas modulações da voz e no ritmo das sessões.

O processo analítico com esses pacientes que apresentam embotamento da palavra e pobreza de narrativas oníricas requer suportar longos períodos de ensaios. Semelhante ao que ocorre quando aprendemos uma outra língua, ou quando estamos aprendendo a desenhar, pintar, escrever ou tocar piano. Aprender uma narrativa onírica segue um percurso semelhante: gaguejos, rabiscos, garatujas.

Isso requer por parte do analista suportar longos períodos desprovidos de espaço de partilha. Demanda também do analista suportar ser atravessado pela perda da hegemonia, da supremacia da palavra. É falar com um paciente cuja narrativa onírica está em estado de coma.

Retorno ao livro *Novecentos.*

Naquela noite, no meio da tempestade, o trompetista encontrou Novecentos. Ele olhou para o trompetista, sorriu e disse: "Venha!".

> *O Trompetista e Novecentos chegaram até ao piano. Não havia ninguém em volta. Novecentos pediu para o Trompetista tirar os calços do piano. O navio dançava que era uma beleza, era preciso esforço para ficar em pé, era um esforço sem sentido desbloquear as rodinhas. O trompetista não entendia onde Novecentos queria chegar. Não entendia, mesmo. E então o piano começou a deslizar, o piano acompanhava as ondas e ia e voltava, e rodava sobre si mesmo, apontava direto sobre a vidraça e quando chegava a um fio de cabelo dela parava e deslizava docemente para trás.*
> *Enquanto os dois volteavam entre as mesas, roçando luminárias e poltronas, o Trompetista entendeu, naquele momento, o que estavam fazendo. Dançavam com o oceano, bailarinos loucos, premiados por uma valsa agitada sobre notas. (Baricco, 2000,p. 30)*

O vaivém entre o som e a composição de uma música, em um processo analítico, não se dá em águas tranquilas. Há o medo de explorar lugares mais amplos, cheio de cruzamentos, sem saber aonde vão dar. Tenta-se sair, mas volta-se rapidamente para o canto conhecido.

Max, o trompetista e fiel amigo de Novecentos, lhe perguntou por que ele não conseguiu sair do navio:

> *Toda aquela cidade, não se podia ver onde acabava. O fim? Por favor, podes me mostrar onde acaba? Não foi o que eu vi – que me impediu de sair deste barco – Max. Foi o que eu não vi. Percebes isso? Aquilo que eu não vi. Em toda aquela cidade dispersa havia tudo, exceto um fim. Toca em um piano. As teclas começam e acabam. Sabes que existem 88 delas e ninguém pode dizer o contrário. Elas não são infinitas, tu és infinito. Todo aquele mundo pesando sobre ti sem saber onde é que ele acaba. Não tens medo de despedaçares só de pensar nisso? Na enormidade que é viver nele? Eu nasci neste navio. E o mundo passou por mim, mas 200 pessoas de cada vez. E havia aqui desejos, mas não mais do que aqueles que cabiam entre a proa e a popa. É música que eu não sei fazer. Não posso sair deste navio. (Baricco, 2000, p.64)*

As teorias e o aprisionamento numa técnica enrijecida nos mantêm dentro do navio, sem possibilidade de enfrentar as ruas entrecruzadas de Nova York, pois o caminho buscado é aquele que vai da proa à popa.

Compor e tocar uma música estranha aos próprios ouvidos é enfrentar um piano deslizante, um piano que acompanha as ondas que vão e voltam, é ir direto sobre uma vidraça e, quando chegar a um fio de cabelo dela, parar e deslizar docemente para trás. É compor, é tocar sob um oceano muitas vezes assolado por tempestades.

É ver pela primeira vez o violento mistério que uma cidade contém.

Isso requer um permanente trabalho de luto por parte do analista no seu desejo de curar pela palavra.

Hoje, ainda me instiga minha paciente ter trazido como primeira narrativa onírica *A lenda do pianista do mar.* Assisti ao filme recentemente. A música tocada ao piano é a protagonista. Em meio a mitos, teatro, literatura, poesia sempre tendi a ficar mais à vontade. A música é uma arte mais refratária ao campo da representação.

Em *Voz e temporalidade musical: os tempos da pulsão*, título da tese de doutorado de Angela Langaro Becker, encontrei que os filósofos pitagóricos já consideravam a música uma catarse, isto é, uma descarga que não poderia ser interpretada racionalmente. Ela possuía o que descreviam como uma experiência disruptiva, isto é, um efeito de rompimento. A expressão musical era relacionada com expressões da alma e da natureza. Ainda hoje, as artes e a literatura a tomam neste lugar singular de tornar manifesta a esfera dos sentimentos, revelando o fundo primitivo da origem das emoções.

A música é vista, pela maioria dos autores, como não dotada de um conteúdo objetivo e indo além campo da significação. Ao mesmo tempo que traz emoções intensas, está regulada por restrições formais.

Becker assinala também que em 1851, Richard Wagner descreveu a música, no seu texto *Minhas obras*, como uma língua que expressaria somente sentimentos e impressões. Ele diz que nossa língua verbal se tornou um simples órgão de entendimento e que a música pode captar a sua plenitude. É por isso que só na aliança entre o verbo e a expressão musical é possível chegar ao objeto do sentimento particular.

Wagner interpretava a música como um modo de comunicação diferente daquele gerado pela linguagem verbal, no sentido de levar o ouvinte a fontes pulsionais intangíveis e possibilitar a ele a experiência de recriar o mundo. Nesse sentido, o compositor alemão já apostava que a música podia proporcionar ao sujeito a superação de sua própria condição existencial.

Agradeço à minha paciente por me possibilitar a experiência de me descentralizar e me fazer reconhecer que com cada paciente devo recriar a minha prática na medida em que me coloco disponível para escutar fontes pulsionais intangíveis.

Muito tempo depois de ter finalizado a análise com essa paciente, encontrei-me, por acaso, com a pessoa que havia feito o encaminhamento. Ela me disse:

– Te agradeço pelo que fez por ela. Está outra pessoa, mais comunicativa, mais risonha.

Fiquei pensativa naquele momento e até hoje.

Referências

Baricco, A. (2000). *Novecentos: um monólogo*. Rocco.

Becker, A. L. *Voz e temporalidade musical: os tempos da pulsão* [Tese de doutorado]. Recuperado em 4 de abril de 2023 de https://appoa.org.br/uploads/arquivos/1416-voz-temporalidade-musical.pdf

Green, A. (1997). A intuição do negativo em O Brincar e a Realidade. *Livro Anual de Psicanálise*, XIII, 239-251.

Lamanno-Adamo, V. L. C. (2010a). Clone o inferno de si mesmo. *Revista Latino-Americana de Psicanálise, 9*.

Lamanno-Adamo, V. L. C. (2010b). Sobre o *splitting* entre animado e inanimado a partir de uma experiência clínica. *Alter, 28*, 73-84.

Impressão e Acabamento
Bartiragráfica
(011) 4393-2911